PILAR LORENGAR

Ein Portrait

Werner Elsner · Max W. Busch

PILAR LORENGAR

Ein Portrait

STAPP VERLAG

Wir danken allen Personen und Institutionen, die dieses Projekt unterstützt haben. Unser besonderer Dank gilt den Kollegen und Freunden Pilar Lorengars für ihre Beteiligung an der Hommage.

Schließlich fühlen wir uns Herrn Dr. Jürgen Schaff sehr zu Dank verpflichtet. Er hat uns bereitwillig sein Archiv zur Verfügung gestellt und seltenes Text- und Bildmaterial besorgt. In ihm haben wir einen engagierten Gesprächspartner gefunden, der die Arbeit an diesem Buch von Anfang an mit Rat und Tat und großem Optimismus begleitet hat.

Werner Elsner · Max W. Busch

PILAR LORENGAR

Inhalt

Hommage mit Beiträgen von	7

*Gerd Albrecht, Siegfried Behrend, Boleslaw Barlog,
Teresa Berganza, Placido Domingo, August Everding,
Brigitte Fassbaender, Dietrich Fischer-Dieskau, Götz Friedrich,
Nicolai Gedda, Elisabeth Grümmer, Claus H. Henneberg,
Heinrich Hollreiser, James King, René Kollo,
Sandor Konya, Alicia de Larrocha, Jesus Lopez Cobos,
Lorin Maazel, James McCracken, Terence McEwen,
Leonie Rysanek, Egon Seefehlner, Gustav Rudolf Sellner,
Sir Georg Solti, Rita Streich,
Dame Joan Sutherland, Martti Talvela*

Pilar Lorengar im Gespräch	24
Skizzen zu einem Portrait	51
Pilar Lorengar im Bild	63
Daten zu einer Karriere	131

PILAR LORENGAR

Hommage

Gerd Albrecht

Für Pilar

Nie habe ich es so kurz und klar gehört wie aus dem Mund von Birgit Nilsson: "I know only two ways – professional or not professional." Mit diesem schneidenden Satz brachte sie eine langatmige Diskussion über Ausbildung, sängerische und gestalterische Begabung zum Schweigen.

Unter den „professionals" gibt es dann noch die rare Gruppe derer, mit denen man nicht diskutieren, erklären, „besprechen" muß, die einfach ein Tempo mit allen Ritardandi oder Accelerandi mitatmen. Wenn dann die Arbeit ganz sachbezogen ist, ohne das gerade bei Stars zur Krankheit gewordene "looking for excuses", findet man einen Stern ohne all das störende Talmigeflitter: ein solcher Stern ist Pilar.

Unzeitgemäß im besten Sinn des Wortes, ohne Show, ohne laute Propagandatrommeln – vielleicht ist gerade darum ihr Piano das besonders Betörende an der Stimme. Während die Diskussion darüber, ob Kunst von Künden oder Können kommt, gewiß nie abgeschlossen wird, sind sich alle Fachleute einig, daß Kunst mit Charakter (trotz der Alliteration) leider nur ganz selten zusammenkommt.

Solche Artikel können leicht zu einer blinden Lobhudelei werden. Gerade weil Pilar einen so starken Charakter hat, will ich nicht lobhudeln, sondern von einer Niederlage sprechen: Pique Dame! Man gleitet manchmal am Theater ohne eigenes Verschulden in so etwas hinein. Da gibt es Leute, die flüchten dann feige, sagen ab, werfen hin. Nicht Pilar: Wie sie nach der Premiere weiterarbeitete – an der Regie, an sich selber –, wie sie die anfängliche Ablehnung des Publikums von Vorstellung zu Vorstellung mehr in Anerkennung verwandelte, das hat mich eigentlich noch tiefer berührt als die „großen Taten" wie „Onegin", „Jenufa", „Suor Angelica".

Ich meine, hier scheidet sich wirklich der Weizen von der Spreu.

Siegfried Behrend

Spontan, aber sachlich aus der Erfahrung einer langen Freundschaft und künstlerischen Zusammenarbeit kann ich über Pilar Lorengar sagen: Was sie von vielen Sängern oder anderen Musikerkollegen wesentlich unterscheidet und auszeichnet, das sind ihre großartige Humanität und ihre Fähigkeit, real musizieren zu können.

Mit Pilar Lorengar treffe ich mich, wir brauchen nur einige Minuten, um uns abzusprechen, eine Verständigungsprobe über die Tempi, danach musizieren wir miteinander. Eine Normalität unter wirklichen Künstlern. Unsere gemeinsamen Schallplatten in Spanien und Deutschland legen Zeugnis ab von dieser elementaren Musizierfreude in professioneller Qualität.

Mit Pilar entsteht aus dem Augenblick des Musizierens ein künstlerischer Dialog, erwächst eine künstlerische Kraft, eine spontane künstlerische Musikform, die vom Herzen kommt und die zum Herzen geht.

Pilar Lorengar – eine außergewöhnliche Künstlerin, der meine ganze Bewunderung und Hochachtung gehört!

Boleslaw Barlog

Kammersängerin Pilar Lorengar ist meine Lieblingssängerin. Ihr unverwechselbares Stimmtimbre wird ergänzt von einer schauspielerischen Begabung, deren Grundlagen eine gütige Menschlichkeit, eine heitere Naivität und eine herzliche Mädchenhaftigkeit sind.

Ich habe das Glück gehabt, mit ihr Puccinis „La Bohème", seine „Tosca" und „Manon Lescaut" inszenieren zu dürfen; dazu auch noch Tschaikowskys „Eugen Onegin".

Alle Proben waren, was Pilar anbetraf, eine reine Freude. Sie war intelligent und vertrauensvoll im Zuhören und Auffassen, souverän in der Beherrschung ihrer darstellerischen Mittel, mit ganzem Herzen bei der Sache, deren Humore sie erfaßte und deren Tragik sie anrührend zu erfüllen vermochte. Oft war sie der verlängerte Arm des Regisseurs, wenn sie weniger besessene Partner zur Räson zu bringen half. Zwischen ihr und mir gab es so etwas wie eine Seelenverwandtschaft, die, wie ich glaube, auch zu ansehbaren Ergebnissen führte. Ich habe keine zartere, mehr berührende Mimi erlebt und keine Tatjana, die sich so herzzerreißend quälte in ihrer unglücklichen Liebe. Als Manon verlor sie ihre unschuldsvolle Mädchenhaftigkeit auch dann keinen Augenblick, wenn sie in die Gruppe der Huren gestellt war, zum Abtransport ins Straflager. Das Verlöschen ihrer reinen Seele in der Schlußszene war herzergreifend stark und schlicht.

Und keine Tosca war so mädchenhaft sauber wie Pilar. Da stieß der Habicht Scarpia auf eine Taube, die ihre Unschuld zwangsweise verteidigte.

Der einzige Augenblick, da Pilar mir nicht auf Anhieb zu folgen drohte, war, als sie über die Fallhöhe erschrak und den Sprung von der Mauer der Engelsburg scheute. Unser Souffleur, ein erfahrener Theatermann, erkannte sofort die Situation, nahm die ängstliche Sängerin an der Hand, führte sie zur Absprungstelle und sprang vor ihren Augen den gefährlich aussehenden, aber harmlosen Sprung. Pilar lachte befreit und sprang sofort mutig hinterher. Das Eis war gebrochen!

Ich grüße meine Lieblingssängerin Pilar Lorengar aus Saragossa (wo zu ihrem spanischen Stolz eine Avenida nach ihr benannt ist) mit großer Anhänglichkeit, Liebe und Dankbarkeit. Sie war das große Entzücken meiner Ausflüge in die geliebte Opernwelt.

Teresa Berganza

Liebe Pilar,

Herr Elsner hat mich gebeten, einige Zeilen über Dich für das Buch beizusteuern, das er gerade vorbereitet. Ich habe begeistert zugestimmt, weil Du es wirklich verdienst, daß Dein vielschichtiges Leben und Deine künstlerische Karriere einem breiterem Publikum zugänglich gemacht werden. Ich kann über Dich nur in einer freundschaftlichen und vertrauten Art schreiben, weil Du eine vielgeliebte und vielbewunderte Freundin bist – daher wäre es mir unmöglich, im sachlichen Ton eines Artikels über Dich zu berichten. Ich wähle lieber die Briefform, diese literarische Form, die es erlaubt, der Seele offenen Ausdruck zu geben.

Ich habe Dich, Pilar, immer als ein Vorbild betrachtet, als perfektes Beispiel, wie ein Leben verlaufen muß, wenn es den unwiderstehlichen Ruf des Mysteriums der Musik vernommen hat. Du hast, voller Liebe, an jedem Tag, in jedem Augenblick Deiner Existenz diese wundervolle, erhabene und ehrwürdige Berufung zu erwidern gewußt.

Wenn ich zurückblicke, so sehe ich die wundervollen und schweren Jahre in Madrid, da Du – früher als ich – mit dem Maestro Argenta jene brillanten Plattenaufnahmen der besten Zarzuelas gemacht hast. Ein Werk, das bis heute – fast 30 Jahre später – nicht wiederholt, geschweige denn übertroffen wurde und das in der Geschichte der spanischen Musik wahrhaft ein Denkmal darstellt.

Im Teatro Monumental, wo die Aufnahmen stattfanden, gab es zwei Menschen, die ihre Blicke nicht von uns ließen: Deine und meine Mutter. Ich glaube, beide fühlten schon damals das süße Gift der Eifersucht. Denn sie waren die ersten, die unsere noch ganz zaghaften künstlerischen Schritte stützten. Und so waren sie auch die ersten, die begriffen, daß wir – fast noch Kinder – unsere große und definitive Liebe gefunden hatten. So wie Liebe stirbt, wenn sie nicht wächst, und so wie ein Liebhaber immer besser ergründet werden muß, damit man ihn besser und intensiver besitzen kann, so wurden Dein und mein Leben in den unwiderstehlichen Wirbel der atemberaubendsten Leidenschaft gezogen: in die Musik.

Ich habe eine ganz unvergeßliche Erinnerung an Deinen fast instinktiven Enthusiasmus, eine erhellende und erschütternde Erinnerung. Ich sehe Dich in einer Ecke des Teatro Monumental, wo Du Dich in die Partitur von „La Traviata" vertiefst. Aber –, aber – der Text ist in Englisch! Der Tag Deines Debuts in Covent Garden war nicht mehr fern, und man hatte Dir die schwere Bedingung gestellt, die Rolle in Englisch zu singen! Du wolltest höher fliegen, zu weiter entfernten Grenzen, und so hattest Du diese unbegreifliche Bedingung akzeptiert. Deine Mühe und Deine Arbeit waren endlos, und natürlich waren sie von Erfolg gekrönt. Dein Wille und Deine Energie waren berühmt.

In Madrid, in Glyndebourne und in der New Yorker Met trafen wir uns auf der Bühne wieder. Ich war der Page Cherubino, der in seine Gräfin Pilar verliebt war. Auf der Bühne waren wir Komplizinnen, und vor dem Vorhang bekamen wir den Applaus und die internationale, begeisterte Anerkennung jenes Ideals, das wir unter dem blauen Himmel Spaniens erträumt hatten. Aber der Himmel, der Horizont und die Liebe wurden noch weiter und größer. Bald trennten sich unsere Wege, da sich unser Repertoire immer mehr unterschied, und nie mehr hatten wir das große Vergnügen, gemeinsam auf einer Bühne zu stehen.

Oh, Pilar – wie schön ist doch Deine Stimme und wie beneidenswert Deine Musikalität! Mit großer, eiserner Hingabe und Sorgfalt hast Du diese prächtige Gabe des Himmels gepflegt. Du hast mit all Deinem tiefdringenden künstlerischen Instinkt ein Dir angemessenes Repertoire ausgewählt. Und wie hast Du es verstanden, Wissen und Technik in tiefe Weisheit umzuwandeln! Du bist ein leuchtendes Beispiel für die kommenden Generationen.

Vor jeglichem anderen Titel oder Beinamen, der Deinem Namen hinzugefügt werden könnte, gibt es einen, der aus sich selber heraus glänzt: Du bist eine Meisterin! Und Berlin, diese symbolträchtige Stadt, diese humanste aller Städte (weil sie am besten den Preis der Würde kennt), dieses Berlin hat es verstanden, Dich anzuerkennen, Dich zu lieben und Dich zu seinem Eigen zu machen lange vor irgendwelchen anderen Städten der Welt.

Noch ein einziges Mal sangen wir wieder zusammen, als nämlich Sir Georg Solti um unsere Mitwirkung an der Aufnahme von „Così fan tutte" bat. Ich habe diese Erinnerung bis zum Schluß aufgehoben, denn bei diesen Aufnahmen gaben wir uns einen herrlichen Namen, der uns noch enger verband, als selbst die Freundschaft es tut:
    Sorella – hermana – Schwester.
Ja, ich glaube, Pilar, daß es zwischen uns eine lebendige schwesterliche Parallelität gab. Die parallelen Linien werden im Unendlichen immer zu einer – so auch wir im unendlichen, unergründlichen Mysterium der Musik.

Pilar, Freundin, Meisterin, Schwester – Du weißt, daß ich in diesen Zeilen, die für Dein Buch bestimmt sind, neben der großen Bewunderung für Deine Kunst, Deine Person und Dein Leben auch eine große und aufrichtige Zuneigung hinterlasse. Und ich lasse eine tiefe Dankbarkeit zurück für das, was Du warst, bist, darstellst und bedeutest in der Welt des Gesanges.

Danke, Pilar, für Dein Leben.
Deine Teresa

Placido Domingo

Das erste Mal trafen meine Frau Marta und ich Pilar in den entscheidenden Anfangsjahren meiner Karriere, als ich an der Oper von Tel Aviv auftrat. Pilar sang damals unter dem Dirigenten Carlo Maria Giulini mit dem Philharmonischen Orchester Israel im „Don Giovanni" die Partie der Donna Anna, und auf dem Besetzungszettel standen Namen wie: Capecchi, Bottazzo und Montarsolo. Und genau zu dieser Zeit führten wir in der Oper von Tel Aviv in konzertanter Form auch den „Don Giovanni" auf. Marta sang die Donna Elvira und ich den Don Ottavio.

Wir gingen natürlich mit großem Enthusiasmus in das Mann-Auditorium, um – vor allem als Spanier! – Pilar und natürlich – als Musiker – Giulini zu erleben. Pilar beeindruckte uns mit ihrer Stimme, ihrer Technik und dem kostbaren Klang eines Engels. Voller Schönheit und mit fehlerloser Linie sang sie die schwierige Arie: „Non mi dir". Außerdem brachte sie eine große Eleganz auf die etwas primitive Bühne! Nach der Vorstellung lernten wir Pilar näher kennen und fanden bei ihr die offenherzige und sympathische Art einer „Maño", wie wir jemanden nennen, der in Aragon geboren ist. Zudem stellte sich heraus, daß Pilar in Saragossa, als sie begonnen hatte, sich für die Musik zu interessieren, meine Eltern in Zarzuelas gehört hatte. Das erfüllte mich natürlich mit großer Bewegung!

Vor allem aus geographischen Gründen ließ das Schicksal uns dann in den folgenden Jahren nur selten zusammen singen. Aber ich erinnere mich an eine außerordentliche Galavorstellung an der Met, wo wir beide den ersten Akt der „Butterfly" sangen, und dann an ein paar schöne gemeinsame „Carmen"-Vorstellungen in Berlin.

In den letzten beiden Jahren, als ich mich entschloß, unsere spanische Musik, also die Zarzuela, in der Musikwelt bekannter zu machen, da dachte ich mir, daß Pilar für dieses Unternehmen die ideale Partnerin sei! Und voll Freude kann ich jetzt sagen, daß dies mit Pilar auch wirklich ein großer Erfolg wurde!

Ihr tiefes Wissen um diese Musik, ihre Hingabe und ihr Enthusiasmus, der mit größter Qualität verbunden ist, haben dazu geführt, daß in der Zusammenarbeit mit Luis Antonio Garcia Navarro der spanische Traum so herrlich in Erfüllung ging. Und zwar nicht für die Interpreten, sondern auch für die Musik! Hier muß ich besonders unsere Konzerte in Salzburg und San Francisco erwähnen!

Dank Dir, Pilar, Du bist nicht nur eine so große Sängerin, sondern darüber hinaus eine große Freundin, Kollegin und Spanierin!

August Everding

Ich grüße Pilar Lorengar, eine Sängerin, der ich herzlich verpflichtet bin. Leider haben wir nicht viele Opern zusammen gemacht. Aber bei jeder Probe nahm sie sich und uns alle in die ganze Pflicht. Wer sie fröhlich lachend, „nordisch" frisch zur Probe kommen sieht, darf nicht vergessen, daß da eine präzise, empfindsame, stolze Spanierin die Bühne betritt. Erfolg läßt ihre Augen blitzen, Zorn sie verdunkeln, und ihre Scheu macht sie noch liebenswerter. Sie fordert sich viel ab und erwartet von uns viel. Wie viele Proben haben wir in New York *nach* den Proben gehabt und vor verdutzten Kellnern im Trader's Vic ausprobiert, wie hochgradig sensibel Elsa auf Realitäten und Wunder reagiert – jene Elsa, deren Gläubigkeit nicht durch Träume ersetzt werden kann.

Brigitte Fassbaender

Leider hatte ich nur einmal die Gelegenheit, mit meiner so verehrten Kollegin Pilar Lorengar auf der Bühne zu stehen: Das war in der Schenk'schen Produktion von „Così fan tutte" vor etwa 10 Jahren in Berlin. Ich erinnere mich aber lebhaft dieser Wochen als einer besonders erfreulichen und harmonischen Proben- und Aufführungszeit, die nicht zuletzt deshalb so anregend war, weil Pilar mit ihrer liebenswerten Persönlichkeit alles überstrahlte. Wie oft brachte sie unser Team mit ihrem warmherzigen Humor, ihrem unnachahmlichen, akzentreichen, verhuschten Deutsch zum Lachen, um uns im nächsten Augenblick mit ihrer großen, menschlich erfüllten Kunst tief anzurühren. Und wie hielt sie dann das kleine Heer der Ankleiderinnen und „Perückendamen" in Atem, die bei den zahlreichen Umzügen, den eiligen Ab- und Auftritten mit heißem Tee, geschälten Äpfeln und

Orangenschnitzen, Puderquasten und frischen „Schweißtüchern" parat stehen mußten! Pilar wurde geliebt, bewundert, man tat ihr jeden Gefallen, sie nahm ihn selbstverständlich entgegen, mit selbstverständlichem Dank und Charme. Eine echte Primadonna, eine „Pfundskollegin" – und ein bescheidener Mensch: seltene Mischung! Für mich war und ist sie: Pilarissima!

Dietrich Fischer-Dieskau

Eine Person mit süßer Stimme, schönem Gesicht, gesundem Menschenverstand und Bühnenpräsenz – all dies vereint findet man unter den Opernsängerinnen nur selten. Pilar Lorengar offenbarte solche Vorzüge gleich bei ihrem ersten Berliner Auftritt. Und auch, daß sie ein bescheidener, aufrichtiger Mensch ist. Als ich Hindemiths „Mathis der Maler" studierte, wußte ich noch nicht, welch hochkarätige Partnerin mir als Regina zugedacht war. So schwer sie sich dann auch mit den deutschen Worten tat, so überzeugend konnte sie die Regungen der Figur verdeutlichen. Und schon bald konnten wir Berliner bewundernd ihre Fähigkeiten im italienischen Fach erkennen, als während langer häuslicher Musizierabende eine Arie nach der anderen erklang. Die sprachlichen Fährnisse umschiffte sie mit Humor und guter Laune, und heute ist dem Ehrenmitglied der Deutschen Oper Berlin unsere Sprache zur zweiten Natur geworden. Sie hat alles gesungen, was einem regelrechten Sopran spinto ansteht. Und einiges darüber hinaus ... Ob nun als verschmitzt-verliebte Fiordiligi, als dahinwelkende Traviata oder in einer der von ihr so geliebten Puccini-Rollen, sie hat mich immer durch den Ausdruck ihrer Seelenstimme, durch menschliches Aufgeschlossensein und musikalische Integrität angerührt und überwältigt. Ad multos annos, liebe Pilar!

Götz Friedrich

Pilar Lorengar zu Ehren – Rede nach dem Konzert in der Deutschen Oper Berlin am 29. Januar 1984

Liebe Pilar Lorengar, meine Damen und Herren, liebe Freunde von Pilar Lorengar und von uns!

Wir haben Sie nach Ihrem Konzert noch einen Moment hier ins Foyer gebeten, um Ihre Ehrung im kleinen Kreis zu krönen. Unser Publikum hat Ihnen, liebe Pilar, eben etwas gezeigt, was man eigentlich kaum beschreiben kann: Glück, Beglückung. Ich glaube, es handelt sich um etwas wie ein Ur-Glück. Das kann man nicht in Worte fassen, man kann es nur, wenn man die Gnade hat, die Sie erfahren haben, singend erfahren – indem man davon und darüber singt!

Liebe Pilar, Sie gehören diesem Hause, und das Haus (ich sage das jetzt ohne alle juristischen Folgerungen!) gehört Ihnen! 25 Jahre haben Sie hier gesungen. Und in diesen 25 Jahren ist die spanische Nachtigall so etwas geworden wie das singende Wundermädchen von Berlin. Was soll man da als Intendant noch hinzufügen? Man kann und muß eigentlich nur neidisch sein auf einen großen Vorgänger, den wir alle verehren: Carl Ebert, der Pilar kennenlernte in Glyndebourne, sie 1958 nach Berlin holte und dann diese wunderbare Sängerin dauerhaft an Berlin binden konnte.

Sie haben, liebe Pilar, gleich als Sie an der Städtischen Oper in „Carmina burana" debütierten, die Berliner erobert – und das ist ja manchmal nicht so leicht, es dauert oft eine Weile. Aber Sie haben es auf Anhieb geschafft, Sie haben die Ohren hell und die Herzen offen gemacht. Und das gelingt nicht allen in Berlin.

Dann haben Sie, als dieses Haus als Deutsche Oper gegründet wurde, die Donna Elvira in der Eröffnungsvorstellung gesungen, und Sie haben in über 20 Neuinszenierungen mitgewirkt. Ich kann und will sie jetzt nicht alle aufzählen, Sie, meine Damen und Herren, kennen viele davon. Unzweifelhaft ist Pilar einer der wichtigsten Soprane geworden, die wir in Berlin haben und lieben.

Pilar Lorengar hat einmal gesagt, sie kann keine Primadonna sein, wie Maria Callas sie war; für sie ist Maria Callas die letzte Primadonna. Und sie hat auch gesagt, daß die Phrasierungskunst der Tebaldi für sie ein besonderes Vorbild war. Ich glaube, es wäre an der Zeit, sich einmal zu überlegen und zu untersuchen, worin denn nun das Besondere ihres Gesangsstils, des Lorengar-Stils beruht. Seien Sie beruhigt, ich unternehme das jetzt nicht, ich überlasse es denen, die das viel besser können, deren Beruf das ist. Aber ich meine doch, daß ein Stichwort dafür wichtig ist. Dies Stichwort heißt Reinheit. Mit diesem Begriff meine ich eine Reinheit, die Übereinstimmung bedeutet zwischen Mensch, Stimme, Charakter, Persönlichkeit und Stil. In diesem Sinne, glaube ich, gehört Pilar Lorengar – und das melde ich von Berlin aus an! – zu den Primadonnen unseres Jahrhunderts.

Daß Sie, liebe Pilar, trotz und gerade wegen Ihrer vielen auswärtigen Tätigkeiten – Ihrer Karriere in Amerika, in Salzburg, in Wien, Ihren Auftritten auch in Australien – Berlin die Treue gehalten haben, liegt ja nun nicht nur an den Berlinern. Es liegt an jemandem, auf dessen Stuhl Sie einmal Platz genommen haben. Ich glaube, auf einem Zahnarztstuhl verliert man manches, aber man gewinnt offenbar auch sehr viel. Wir verdanken dem lieben, verehrten Dr. Schaff, daß seine so vielseitige Kunstfertigkeit dazu beitrug, uns Pilar in Berlin zu bewahren und zu erhalten.

Wir haben die große Freude, daß der Senator für Kulturelle Angelegenheiten Pilar Lorengar anläßlich ihrer 25jährigen Zugehörigkeit zur Deutschen Oper die Ehrenmitgliedschaft des Hauses verleiht. Aber Pilar Lorengar zeigt uns, daß der Begriff Ehrenmitglied einen schönen Doppelsinn beinhaltet, den man prima vista so schnell nicht herausliest aus dem Wort. Nicht nur die betreffende Persönlichkeit wird durch diesen Titel geehrt. Vor allem ist es eine Ehrung des Hauses, dem sie angehört. Und das macht uns Pilar Lorengar in besonderer Weise neu bewußt.

Es ist, liebe Pilar, außerdem für uns alle eine große Freude, daß diese Ehrung auf dem Höhepunkt Ihrer Tätigkeit erfolgt. Welch Höhepunkt, das haben wir heute abend wieder vernommen, gehört in dem Konzert, das Sie gaben unter der Leitung unseres Generalmusikdirektors, Ihres Landsmannes Dr. Jesus Lopez Cobos.

Ich habe, liebe Pilar, nur noch einen großen Wunsch an Sie – natürlich den, daß Sie uns treu bleiben, natürlich den, daß Sie sich wohlfühlen hier! Denn Sie haben einmal gesagt: „Ich kann nur singen, wenn ich fühle, und ich kann nur fühlen, wenn ich mich wohlfühle".

Aber Ihr Geheimnis, das behüten Sie bitte treu. Wie ist das mit dem Glück? Wenn man andere Menschen glücklich macht, ist man dann selber glücklich? Oder muß man selber so glücklich sein, um andere glücklich zu machen? Verraten Sie uns das nur, während Sie singen. Wir danken Ihnen. Ich küsse Sie. Wir lieben Sie.

Nicolai Gedda

An Pilar Lorengar habe ich die allerschönsten Erinnerungen. Sie ist eine Sängerin mit sehr sympathischer Ausstrahlung – dazu eine feine Künstlerin – und mit herrlicher Stimme, die irgendwie völlig mit der Persönlichkeit übereinstimmt.

Eine schöne Frau ist Pilar auch, und ich war immer verwundert, daß sie als Spanierin so blond (nordisch) sein kann.

Unsere gemeinsamen Opernvorstellungen und Konzerte werde ich nicht vergessen.

Allerherzliche Grüße an Pilar Lorengar!

Elisabeth Grümmer

Eine Neuinszenierung der „Meistersinger" an der Deutschen Oper Berlin war geplant. Ich hatte mit dem künstlerischen Betriebsbüro schon besprochen, daß ich die Eva in dieser Inszenierung nicht singen würde. Meine junge Kollegin Pilar Lorengar sollte die Rolle mitstudieren. Es schien mir wichtig für sie, die vier Wochen Probezeit zum Studium zur Verfügung zu haben. Selbstverständlich sollte sie dann auch die Premiere singen. Wenige Tage nach dieser Vereinbarung rief mich Pilar an, und es ergab sich folgender Dialog: „Liebe Frau Grümmer, ich werde alle Proben für Sie machen, und Sie singen die Premiere." Meine Antwort: „Liebe Pilar, Sie machen alle Proben, und Sie singen die Premiere. Wenn Sie einmal verhindert sind, werde ich für Sie einspringen." – Und so geschah es.

Ich glaube, daß diese kleine Episode mehr über den Menschen Pilar Lorengar aussagt, als es jede Laudatio tun könnte.

Ich erinnere mich gerne noch einer kleinen bezaubernden Szene. Ensembleprobe „Don Giovanni" in der Deutschen Oper. Pilar sang die Partie der Donna Elvira. Ferenc Fricsay arbeitete mit ihr die große Arie. Er versuchte ihr zu erklären, daß in ihrer Stimme und Interpretation etwas von einer *Haß*-Liebe mitschwingen müßte. Worauf Pilar ihren Auszug auf den Flügel legte, mit großen, erstaunten Augen um sich sah und erklärte: „Weiß ich nicht, was ist Haß?"

Auch das ist Pilar!

Claus H. Henneberg

Begegnung mit Pilar Lorengar

Es gehört zu den schönsten Erlebnissen während der Arbeit an einem Opernhaus, der Sängerin Pilar Lorengar zu begegnen, und der Eindruck, den sie hinterläßt, ist nachdrücklich und groß. Das ist jedoch keine spontane Empfindung, sondern sie stellt sich erst mit der Zeit ein. Sie selbst geht ja auch zögernd auf Menschen zu, ist reserviert, weil sie erst einmal wissen möchte, wie der Partner, sei er Sängerkollege, Regisseur oder Dirigent, arbeitet; sie ist nachsichtiger mit dem Regieassistenten und Korrepetitor. Über die Sache gewinnt sie dann Zutrauen. Sie ist verletzbar, wenn sie menschliche und künstlerische Unzulänglichkeiten spürt, weil sie sich ein positives Zusammenwirken aller Kräfte für eine Produktion wünscht und auch nur so ihr Bestes zu geben imstande ist.

Bei dieser Empfindlichkeit von ihrer Seite, wirkt es wie ein Wunder, daß ihre Leistung unter schlechten Bedingungen doch nie nachläßt. Aber man merkt ihr die Mühsal dann hinter der Szene an, die es sie kostet, einer Aufführung ihre Intensität zu geben und die Mittelmäßigkeit des Umfeldes vergessen zu machen. Ihr Qualitätswille ist stets vorderstes Gesetz.

Ich erlebte es während meiner Zeit als Dramaturg und Regieassistent an der Deutschen Oper, daß sie bei einer Umbesetzungsprobe einem berühmten Gast gegenüber die Originalregie lange verteidigte, und wie es zu einer harten Auseinandersetzung kam, weil der Kollege sich weigerte, in das Konzept einzusteigen. Es gab einen mühsam erkämpften Kompromiß, der im Ergebnis keiner war, denn beide Künstler waren in der Lage, sich zu einem Höchstmaß von Leistung aneinander zu steigern. Was sie von sich selbst verlangt, fordert sie auch von anderen.

Auf Schmeichler, die sich ihr nach einer Aufführung kritiklos euphorisch nähern, weiß sie irritierend zu reagieren. Auf eine Lobeshymne antwortet sie mit einem fragenden „Ja?", und wer, um sie höher zu loben, die Mitsänger herabsetzt, erhält eine Abfuhr.

Pilar Lorengar protzt nie mit ihren Mitteln. Sie kennt nicht die große theatralische Geste, keine Tricks und Kniffe. Den Theatercoup mag sie nicht. Gleiches läßt sich auch von ihrer stimmlichen Gestaltung sagen. Das oberste Gebot ist die Partitur, keine dynamischen Überzeichnungen, ganz der Linie des Komponisten folgend und diese ganz ausfüllend in Phrasierung und Gestaltung. Dadurch wirkt ihre Kunst echt und empfunden.

Dadurch bekommen ihre Rolleninterpretationen immer einen ganz eigenen Zug, der unwiederbringlich ihr Eigentum bleibt. Ein Dirigent wie Lorin Maazel konnte auf solche Gestaltungen eingehen, wie es bei der Tosca geschah. Pilar Lorengar wurde nie zu dem megärenhaften Gesangsstar, als der die Tosca häufig interpretiert wird, wenn es um den Mord an Scarpia geht. Im ersten Akt war sie heiter und kapriziös, dann wurde ihre Eifersucht zu einem ausweglosen Gefühl gesteigert, aber fast schwach und kraftlos ohnmächtig. Im zweiten Akt wird sie durch das sadistische Spiel Scarpias so gehetzt und getrieben, daß schließlich der Stoß mit dem Messer die Tat einer zum Äußersten getriebenen Frau wird, die eigentlich gar nicht in der Lage gewesen ist, sich selbst zu verteidigen. Und so erlebten wir eine ganz neue Auffassung des Werkes, die mir auch psychologisch glaubwürdiger erscheint. Maazel hat dem durch seine klare und durchsichtige, jede Vulgarität vermeidende Orchesterbegleitung noch die Schärfe gegeben, die Puccini zu einem so großen Operndramatiker macht.

Nicht anders ging die Sängerin an die Rolle der Manon Lescaut. Im ersten Akt trat sie als naives Mädchen auf, glaubhaft in jeder Geste, und Heiterkeit zeichnet das unerfahrene Geschöpf aus, das sich sozusagen zwischen den Akten zu einem frivolen Wesen verwandelt, aber in aller Unausgeglichenheit und Unentschlossenheit hin und her taumelt. Bis wir dann im vierten Akt die Tragödie erleben, und das „Sola – perduta – abandonnata" der Lorengar ist mit das Ergreifendste, das ich je auf der Opernbühne erlebt habe, weil es ganz von innen heraus kommt. Keiner wird sich fragen, was daran gemacht ist, was Darstellung ist und was zum Wesen der Künstlerin gehört, die vor uns steht. Sie ist eine Einheit mit der Figur der Manon geworden.

Dem Charakter nach ist Pilar Lorengar jung und strahlt diese Jugend aus, aber sie beherrscht natürlich auch die Momente des Alterns, wie wir es in der Gräfin in „Le Nozze di Figaro" immer wieder erlebt haben. Sie geht in Nuancen von einem Gefühl ins andere über, erlaubt sich keine Brüche in der Gestaltung, und weil alles aus einem Guß ist, weil sie es immer ganz selbst ist, nehmen wir ihr alles ab, glauben wir diesem im tiefsten Wesen heiteren Menschen alles, was er uns vorlebt.

Pilar Lorengar hat mir, zusammen mit ihren Kollegen, im Grunde meine Liebe zu Puccini gegeben, und natürlich hat auch Lorin Maazel dazu beigetragen. Ich habe Puccini durch sie begreifen gelernt und meine Vorurteile ausgeräumt. Sie hat mich einen wesentlichen Schritt näher an die Oper gebracht.

Heinrich Hollreiser

Mit Pilar Lorengar verbindet mich eine lange und für mich höchst erfreuliche künstlerische Zusammenarbeit. Sie ist eine der wenigen Sängerinnen, die hohe Musikalität, stimmliche Qualität und schauspielerische Begabung vereinen. In besonders glücklicher Erinnerung sind mir die Partien der Elsa in „Lohengrin", Eva in „Die Meistersinger von Nürnberg", die Marie in der „Verkauften Braut" oder die Elvira in „Don Giovanni". Alle diese Rollen und andere mehr durfte ich als Dirigent mit ihr gemeinsam gestalten. Es war und ist immer eine Freude für mich, mit ihr zu musizieren. Dazu kommt ihre Disziplin in Proben und Vorstellungen, die vorbildlich ist. Ihr liebenswürdiges Wesen trägt sehr zu einer harmonischen Zusammenarbeit bei, die ich mir noch lange wünsche.

James King

In meiner langen Karriere war es immer ein ganz besonderes Vergnügen, auf der Bühne zu stehen, wenn ich die Ehre hatte, mit solchen Partnerinnen zusammenzuarbeiten, die die Kunst des Singens völlig beherrschen, also mit den großen Interpretinnen, die intelligent sind und es verstehen, mit ihren herrlichen Stimmen die Musik in all ihren Nuancen lebendig werden zu lassen – mit Künstlerinnen also, die zudem eine Szene interpretieren und ihrer Rolle überzeugenden dramatischen Ausdruck verleihen können.

Diese Mischung großartiger Talente ist selten in einer Person vereint, aber wenn sich dies ereignet, dann können wir ohne Vorbehalt sagen, daß wirkliche Größe gegenwärtig ist.

Während meiner Bühnenpraxis habe ich nicht viele Sängerinnen kennengelernt, die alle diese Qualitäten besitzen; aber zu den wenigen, denen ich begegnet bin, muß ich meine liebe Freundin und verehrte Kollegin Pilar Lorengar zählen.

Sie sang und porträtierte jede Rolle, in der ich sie erlebte, in Perfektion. Ob es sich nun um eine der tragischen oder der heiteren Partien ihres breiten und vielseitigen Repertoires handelte, immer traf sie den geforderten Stil und Ausdruck in Vollendung.

Viele Male sangen wir zusammen, und es war immer eine Ehre und eine besondere Freude für mich, mit ihr auf der Bühne zu stehen und vor den schweren und anstrengenden Aufführungen, die uns erwarteten, zu proben. Pilar ist eine meiner Lieblinge und wird es bleiben!

René Kollo

Mit Pilar zusammen zu arbeiten, war und ist nicht nur eine musikalische Freude, sondern ebensosehr eine menschliche. Wir haben viele amüsante Stunden unter Kollegen verlebt, die in meinem Gedächtnis genauso haften bleiben wie viele erfüllte musikalische Momente mit ihr zusammen. Unvergeßlich sind mir die „Freischütz"- und „Lohengrin"-Aufführungen in Berlin und an der Metropolitan.

In Pilar Lorengar fand ich eine Agathe und Elsa von musikalischer und darstellerischer Vollendung, eine Partnerin, mit der jedesmal eine beglückende künstlerische Übereinstimmung bestand.

Ich grüße meine große, verehrte Kollegin und freue mich auf weitere gemeinsame Aufführungen!

Sandor Konya

Eine Sängerin schätze ich vor allen anderen, sie ist mir immer die liebste Kollegin gewesen: Pilar Lorengar. Sie kam ganz jung an die damalige Städtische Oper in Berlin, wo ich schon seit einigen Jahren Mitglied des Ensembles war. Bald waren viele Kollegen beeindruckt von der intensiven Arbeit, von der großen künstlerischen Gewissenhaftigkeit dieser spanischen Sopranistin, die vor ihrer Ankunft in Berlin noch kaum jemand gekannt hatte. So etwas sprach sich schnell herum. Und wir waren begeistert von der herrlichen Stimme, vom Strahlen und Leuchten ihres Soprans – schließlich auch von ihrer großen Liebenswürdigkeit, die sogar eine gespannte Probenatmosphäre schnell entkrampfen konnte – wenn so etwas überhaupt ganz selten einmal vorkam. Ich erlebte das alles selber während der Proben zu „Madame Butterfly", unserer ersten gemeinsamen Premiere. Seitdem habe ich nie wieder eine Partnerin gefunden, mit der ich lieber gearbeitet hätte als mit Pilar. Der Jubel des Berliner Publikums, die Begeisterung vor allem für diese neue Cio-Cio-San, war der schönste Lohn für eine lange, konzentrierte Probenzeit. Wir haben dann oft zusammen auf der Bühne gestanden. Ungezählte Male in Berlin, später an der Met in New York und in San Francisco. Ich habe mich immer wieder ganz besonders gefreut, wenn ich hörte, daß ich gemeinsam mit Pilar auftreten würde. Es ist wunderbar und es macht mich als Sänger-Kollegen glücklich, daß Pilar ihr Publikum bezaubert wie eh und je!

Alicia de Larrocha

Pilar Lorengar

Pilar!! So zahlreich sind die Superlative, derer ich mich bedienen müßte, wenn ich über sie spreche, daß ich mich darauf beschränke, einige wenige anzuführen.
1. Sie besitzt eine begnadete Stimme, erfüllt von großer Intelligenz,
2. Begeisterung, die keine Grenzen kennt,
3. Zähigkeit und eisernen Willen,
4. außergewöhnliche Musikalität mit der Fähigkeit, sich allen Stilen anzupassen,
5. Schönheit, die Güte, Leidenschaft und Treue ausstrahlt.
6. Sie ist eine innige Freundin, mit der zusammenzuarbeiten ich das unermeßliche Vergnügen gehabt habe.

Alles in allem: Eine außergewöhnliche Künstlerin und ein außergewöhnlicher Mensch.

Jesus Lopez Cobos

In meiner Studentenzeit war es vor allem die vertraute Stimme von Pilar Lorengar, die mich aus dem Radio viele Arbeitsstunden lang an der Universität begleitete.

Unzählige Schallplattenaufnahmen mit spanischer Musik haben ihre Präsenz in Spanien immer bestätigt, obwohl Pilar Lorengar weit weg von ihrer Heimat lebte. In meinen Universitätsjahren habe ich mir nicht träumen lassen, daß mein Schicksal mich einmal hierher führen würde in diese Stadt, an dasselbe Theater, an dem Pilar Lorengar tätig war und ist.

Meine ersten persönlichen Kontakte mit Pilar Lorengar gehen zurück ins Jahr 1972. Von diesem Zeitpunkt an sind ihre Rollen in „La Traviata", „Idomeneo", „Tosca", ihre Pamina und Contessa sowie viele andere ein fester Bestandteil meines Lebens als Operndirigent gewesen. Da ich ihre künstlerische Entwicklung aus der Nähe verfolgen konnte, darf ich behaupten, daß neben anderen charakteristischen Merkmalen mich am meisten die Liebe und Hingabe Pilar Lorengars an ihren Beruf beeindruckt hat. Diese Liebe ist auch der Grund dafür, daß sie nie vor Publikum auftritt, wenn sie fühlt, daß sie nicht alles geben kann. Dieses Alles-Geben bewirkt, glaube ich, die Sympathie und Dankbarkeit, wie sie das Publikum ihr entgegenbringt. Diese Liebe und diese Hingabe haben dazu geführt, daß Pilar Lorengar sehr sorgfältig ihr Repertoire gewählt hat und daß sie ihre Auftritte sparsam ansetzt. Das Resultat ist, daß Pilars Stimme sich durch die Jahre hält in all ihrer ursprünglichen Frische. Wenn ich bei meinen Spanien-Aufenthalten im Radio eine von den Zarzuela-Aufnahmen aus den 50er Jahren höre, bewundere ich immer wieder, wie Pilars Stimme dasselbe Timbre gehalten hat. Dieses Timbre wie aus Silber, das in mir Bilder wachruft von dem Land, in dem sie geboren wurde – Aragon. Pilar Lorengar spiegelt in ihrer Stimme und in ihrem Charakter die Freundlichkeit und die Lebensfreude ihrer Landsleute.

Lorin Maazel

Pilar Lorengar, der große Opernstar, ist eine Künstlerin, mit der zusammen zu arbeiten für andere Sänger und Sängerinnen, für Dirigenten und Regisseure eine wahre Freude ist. Sie hat all die Eigenschaften, die sie ihren Kollegen und Kolleginnen so liebenswert macht – Künstlertum, Professionalismus, Charme und Humor.

Mißfälliger Denkweise ist sie so wenig fähig wie der Intrige oder Unzuverlässigkeit. Während meiner Amtszeit als Generalmusikdirektor der Deutschen Oper Berlin konnte ich stets auf Frau Lorengars Standhaftigkeit und Gewissenhaftigkeit vertrauen.

Am meisten überraschte mich jedoch ihre Vielseitigkeit. Mit der gleichen Bravour sang sie zu jener Zeit die Violetta in „La Traviata", die Elsa in „Lohengrin", Cio-Cio-San in „Madame Butterfly", Tosca, Mimi in „La Bohème", Elisabeth in „Don Carlos" Micaëla in „Carmen", Fiordiligi in „Così fan tutte" und viele andere Partien.

Ihre Schönheit und die Schönheit ihrer Stimme sind in der ganzen Welt bekannt. Ihr Beitrag für die Kunst des Belcanto ist von großer Bedeutung, denn es gibt heute – und gab während der letzten 20 Jahre – nur ganz wenige, die heranreichen können an die Reinheit ihrer Phrasierung, den Glanz ihrer Stimme oder die Wärme ihrer Interpretationen.

Pilar Lorengar ist eine ergebene Dienerin ihrer Kunst. Manch einen Abend, nachdem sie eine ihrer großen Partien gesungen hatte, sah ich sie in Tränen, so ergriffen war sie immer wieder vom Eindruck eines Meisterwerks. Diese Leidenschaft für all ihr Tun überträgt sich auf ihr Publikum, das sie auf der ganzen Welt liebt und verehrt.

James McCracken

Es ist mir eine Ehre und ein Vergnügen, einige Worte des Lobes über eine der begabtesten, charmantesten und – natürlich – schönsten Kolleginnen zu sagen. Alle ihre Darstellungen haben eine ganz eigene Wärme; eine kreative Glut, die pure Pilar ist. Man darf ihr nur nicht zu lange in die Augen sehen, sonst könnte man die eigenen Noten vergessen.

Terence McEwen

Das Zauberwort für Pilar Lorengar heißt „strahlend". Sie hat in ihrer Stimme, in ihrem Lächeln und in ihrer ganzen Persönlichkeit ein Strahlen, das unwiderstehlich ist. Als Verehrer großer Sänger war mir immer deutlich, daß Berlin eine besondere Neigung zu den leuchtenden, strahlenden Damen hat – zu Stimmen, die wie ein Lichtstrahl durch das Dach des Opernhauses auf die Bühne scheinen. Elisabeth Rethberg, Tiana Lemnitz, Elisabeth Grümmer und Pilar Lorengar gehören zu dieser besonderen Spezies, die Berlin an sein Opernherz gedrückt und mit der Welt geteilt hat. Sie mögen anderswo Stars gewesen sein – sie gehörten Berlin.

Ich verliebte mich in Pilar Lorengars Stimme beim Abhören von Schallplatten. Da war vor allem ein wunderbarer Querschnitt aus „Madame Butterfly" mit Fritz Wunderlich und Hermann Prey. Dann sammelte ich alle ihre Aufnahmen, und als sie Eva in San Francisco sang, wurde ich ihr in der Künstlergarderobe vorgestellt. Bevor ich überhaupt etwas äußern konnte, leuchteten ihre strahlenden Augen auf, und sie sagte: „Ich kenne Sie – Sie lieben mich." Natürlich war ich davon ebenso bezaubert wie von ihrer perfekten Eva.

Pilar ist bescheiden, was bei einer großen internationalen Karriere manchmal von Nachteil ist. Aber nach einer besonders gelungenen Aufführung sagt sie einfach: „Ich singe schön!" Pilar und ich mochten in jungen Jahren Renata Tebaldi besonders gerne. Pilar Lorengar hat viel von der sympathischen, weiblichen, feinen Ausstrahlung der Tebaldi, aber zudem hat ihr spanisch-deutsches Timbre ein goldenes Strahlen, das ganz einzigartig ist. Dazu paßt, daß sie blond ist.

In San Francisco triumphierte sie als Desdemona, Liu, „Figaro"-Gräfin, Micaëla, Eva, Donna Anna, Mélisande, Cio-Cio-San, Fiordiligi und Elsa. Es fällt schwer, eine dieser Verkörperungen besonders hervorzuheben. Sie sind alle herrlich, jede auf ihre Art. Ich liebe die Unartigkeit ihrer Gräfin, die Süße ihrer Liu, die Reinheit ihrer Pamina und die zerbrechliche Würde ihrer Fiordiligi.

Ich könnte so weiterschreiben, aber am besten hat Leonard Bernstein ausgedrückt, was Pilar Lorengar für mich (und für andere) bedeutet. Ich hatte sie ihm für das Sopran-Solo in

Beethovens „Missa solemnis" in New York empfohlen. Von keiner Sängerin habe ich dieses Stück so schön gehört wie von Pilar. Nach der triumphalen Aufführung ging ich zu ihr in die Garderobe und erlebte, wie Maestro Bernstein sie umarmte und küßte. Er drehte sich zu mir um und fragte: „Wo haben Sie sie gefunden – im Himmel?"

Leonie Rysanek

Pilar Lorengar zählt zu den raren großen Sopranistinnen unserer Zeit. Ihre stets bewunderte Künstlerschaft ist geprägt von Verantwortungsbewußtsein und voller Einsatzbereitschaft auf der Bühne, von der Intensität ihres Ausdrucks, vom unverkennbaren klaren Timbre ihrer leuchtend-reinen Stimme und über allem von der überzeugenden menschlichen Ausstrahlung.

Mit der Jugendlichkeit ihres Wesens und Aussehens, den leuchtenden Augen, mit der stets positiven Herzlichkeit und Aufrichtigkeit, dem Anerkennen der Leistung des Bühnenpartners und mit dem Sich-freuen-können über den Erfolg einer Aufführung, erobert sie sich immer erneut die Liebe des Publikums und ihrer Kollegen. Dabei ist ihre Treue zu Berlin besonders hervorzuheben – der Stadt mit Herz.

Als liebenswerte Kollegin habe ich sie stets geschätzt. Nun stand und stehe ich – nach all den Jahren – als Partnerin neben ihr auf der Bühne. Die gemeinsame Gestaltung des musikdramatischen Erlebens war und ist immer wieder eine wahre Freude, und ich kann nur hoffen, daß wir neben dem „Lohengrin" noch weitere Opern finden, in denen wir gemeinsam der Musik dienen können. Bei einer Künstlerin wie Pilar Lorengar verstummt das Geschrei vom Untergang der Oper.

Egon Seefehlner

Als ich im Jahre 1961 nach Berlin kam, um dort die Stellvertretung von Generalintendant Gustav Rudolf Sellner anzutreten, da war eines der großen Ereignisse in meinem Leben das erste Auftreten – für mich – einer spanischen Sängerin: Pilar Lorengar, die mir bis dahin nur aus dem Prospekt einer französischen Agentur bekannt gewesen war. Dem Prospekt konnte man entnehmen, daß die auf dem Umschlag abgebildete, besonders bezaubernde Frau bereits an der Deutschen Oper in Berlin engagiert war.

Wie ich dann später erfuhr, wurde sie bald Berlinerin mit Leib und Seele, weil sie hier die Liebe ihres Lebens kennengelernt hatte und den sehr bekannten Zahnarzt Dr. Jürgen Schaff heiratete.

Von da an habe ich Pilar Lorengar immer wieder gehört, in vielen Premieren und Repertoire-Vorstellungen der Deutschen Oper Berlin und auch überall dort, wo man einen silbernen leichten, besonders persönlichen Sopran gebraucht hat. Der Ruhm von Pilar Lorengar ist von Berlin ausgegangen, und in Berlin wurde die gebürtige Spanierin zur begeisterten Berlinerin, und die Berliner wiederum sahen sie, die Spanierin, als die ihre an. Dies gelingt nur selten, sie hat aber die Barriere der Fremden in der deutschen Kulturszene voll und ganz übersprungen und dazu beigetragen, daß die Deutsche Oper Berlin eine besondere Note unter den Opernhäusern der Welt erringen konnte.

25 Jahre beweisen, daß Pilar Lorengar treu sein kann, eine Eigenschaft, die in unserer schnellebigen Zeit selten geworden ist.

Gustav Rudolf Sellner

Wenn ich einen Preis zu vergeben hätte an eine Sängerin, in deren Stimme und Spiel das mitschwänge, was man „Leben" nennen möchte, hinströmendes Leben voll Wärme und Wahrheit – ich gäbe ihn Pilar Lorengar.

Gäbe ihn ihr, obgleich oder gerade weil sie immer sie selbst bleibt und doch die große Kunst beherrscht, sich in allen künstlerischen Verwandlungen die Charaktere und Schicksale ihrer Rollen einzuverleiben. Ob es nun Mimi sei oder Tosca, ob Madame Butterfly, Micaëla oder ihre nicht übertreffbare Gräfin im „Figaro" – es ist, als wüchse jede Gestalt aus dem in ihr ruhenden, verwandelnden Grund, unverstellt, gewissermaßen maskenlos und auf ursprüngliche Weise erlebt. Überraschend meistert sie, ohne ihre eigene Mitte zu verlieren, die Extreme ihres Fachs und ergreift als Violetta in „La Traviata" nicht weniger als mit ihrer herrlichen Königin im „Don Carlos".

Eine große Künstlerin, die ganz ohne Talent, sich in den Vordergrund zu schieben, immer im Mittelpunkt eines Ensembles steht. In meiner Erinnerung waren die Proben mit ihr stets eine große künstlerische Freude, ein einziges Geben und Nehmen. Mit untrüglichem Instinkt verstand sie jeden Wink, las einem jeden Gedanken in den Augen ab, verarbeitete ihn unmittelbar und setzte ihn um, sobald er ihrer Natur entsprach. Voll Phantasie erprobte sie sich ständig selbst. Sie ist niemand, der Spaß daran fände, sich über „Auffassungen" auseinanderzusetzen, sie reagiert immer direkt aus ihrer reichen Empfindungswelt und prüft, wie Gesang und darstellerischer Ausdruck in eine Einheit zu bringen seien. So behielten alle ihre „Gestalten" das Leuchtende, das ihr eigen ist und sie nie verläßt in allen Partien, die sie sang und singt, das Strahlende, das ihre Hörer und Freunde begeistert.

Insofern bilden allerdings ihre Rollen in aller Gegensätzlichkeit eine Einheit: in den meisten ihrer großen Partien vollzieht sich das Tragische an ihr. Sie ist es nicht, die es hervorbringt, das Dunkle ist nicht ihre Sache, es geschieht an ihr – das Dämonische tötet ihr Licht. Vielleicht liegt darin das, was zum Beispiel die Todesszenen der Mimi oder der Violetta, die Nachtszene der Königin im „Don Carlos", ihre Desdemona so einzigartig und unvergeßbar macht. Nur wenigen der anderen großen Sängerinnen gelingt es, so ganz ohne Sentimentalität das Erleiden, das Erdulden, das „Verlöschen des Lichts" in solcher Tiefe erlebbar zu machen wie Pilar Lorengar.

Ob ich ihn nun zu vergeben habe oder nicht – sie bekommt den Preis. Zum Dank für die künstlerisch so reiche Zeit, die wir gemeinsam an der „Deutschen Oper Berlin" erleben durften, sie bekommt ihn für ihr Singen, das mehr ist als Stimme, für die Aufrichtigkeit ihrer Darstellungsweise – und für das, was sie als Mensch für uns war, ist und bleiben wird.

Sir Georg Solti

Mit dem größten Vergnügen widme ich Pilar diese wenigen Zeilen als Huldigung.

Sie gehört ohne Zweifel – mit ihrer Stimme und ihrer Musikalität – zu den begabtesten Künstlerinnen unserer Zeit, und ich bewahre nur die glücklichsten Erinnerungen an sie.

Wir haben sehr oft zusammengearbeitet, auf der Opernbühne, im Konzertsaal und im Aufnahmestudio, doch ich kann mich an kein einziges Mißverständnis erinnern und an keine Launenhaftigkeit.

Ich bin ihr sehr dankbar und wünsche ihr noch viele glückliche Jahre.

Rita Streich

Ich habe Pilar kennengelernt in Aix-en-Provence, als sie den Cherubino in „Die Hochzeit des Figaro" sang. Der Direktor des Festivals, Monsieur Dusurget, war sehr stolz, daß er uns beide für diese Mozart-Oper gewinnen konnte – eine hochtalentierte Nachwuchskünstlerin und eine Sängerin von internationalem Ruf. Der schöne warme Klang von Pilars Stimme hat mich gleich begeistert, dazu ihre natürliche Frische und ihre Freundlichkeit. Die Aufführungen unter der Leitung von Hans Rosbaud waren wunderbar gelungen und wurden von dem musikfreudigen Publikum begeistert aufgenommen.

Drei Jahre später waren wir zusammen in Glyndebourne; sie sang dort eine der drei Nymphen – in „Ariadne auf Naxos", als ich für die Zerbinetta engagiert war. Pilar war sehr jung, sehr sympathisch und gut beschützt von ihrer Mutter, die sie begleitete. Und Pilar sah wirklich schön aus, mit einem blonden spanischen Charme – das hat sich über all die Jahre nicht verändert.

Dann traf ich Pilar wieder in Buenos Aires. Diesmal sang sie die Pamina in der musikalisch so bedeutenden „Zauberflöte" unter Sir Thomas Beecham. Zu der Zeit war Pilar schon in Hochform und behauptete sich glänzend neben so berühmten Kollegen wie Walter Berry oder Arnold van Mill; die Pamina sang sie phantastisch. Beecham hatte auf den Proben wundervoll pulsierende, energiegeladene Tempi dirigiert. Am Tag der Premiere starb seine Frau, doch der alte Herr ging trotzdem ans Pult. Unter seinem Schock gab er uns aber ganz andere, langsamere Tempi. Es ging dennoch gut, und wir alle fühlten etwas Besonderes in dieser Vorstellung.

Bald danach kam eine Schallplatten-Aufnahme, eine sehr schön besetzte „Bohème" unter Alberto Erede mit Pilar, Sandor Konya und Dietrich Fischer-Dieskau. Als ich das Angebot für die Musette bekam und hörte, wer sonst noch mitmachen sollte, habe ich mit Freuden zugesagt – obwohl ich meine Partie nie auf der Bühne gesungen hatte und habe. Pilar konnte als Mimi wirklich aus dem Vollen schöpfen und schwelgen. Unsere beiden Stimmen – so schien mir – paßten gut zueinander und waren zugleich gut kontrastiert. Pilars Schlußszene hat mich ganz stark beeindruckt. Hier hört man besonders deutlich, daß sie beim Singen fühlt. Sie ist emotional stark engagiert, und in ihrer noblen Stimme spiegelt sich die natürliche Empfindung.

Später habe ich Pilar leider nur noch gelegentlich gehört – jedesmal mit großer Freude. Nach einem New Yorker Liederabend, ich glaube es war ihr erster dort, ging ich zu ihr in die Garderobe, und sie war ganz überrascht: „Du hier! Hoffentlich bist du nicht zu kritisch!" Dabei hatte sie wundervoll gesungen. – Auch ihre Berliner Fiordiligi habe ich erlebt: sehr eindrucksvoll, besonders, da sich ihre Stimme und ihre Persönlichkeit wunderbar mit Brigitte Fassbaender ergänzten.

Es war und ist jedesmal etwas Besonderes, Pilar zu erleben. Von Anfang an fand ich ihre Stimme sehr schön, ihr warmes samtiges Timbre und die strahlende Höhe. Sie kam mir immer vor wie eine Mischung aus Lieblichkeit und spanischer Glut. Im warmen Ausdruck, in der natürlichen Schönheit ihres Soprans hört man auch etwas von ihrem Charakter, von ihrer Menschlichkeit. Auf der Bühne und im Leben ist Pilar ganz natürlich, völlig unaffektiert – und wunderschön anzusehen. Seit ich sie kenne, ist sie immer ein herzlicher, natürlicher Mensch geblieben.

Dame Joan Sutherland

Ich habe Pilar zum ersten Mal vor fast 30 Jahren in Covent Garden gesehen. Sie war eine der schönsten Violettas, die man sich vorstellen kann.

Die stimmliche Reinheit und Wärme dieser wunderbaren spanischen Sängerin hinterließen einen unauslöschlichen Eindruck, und ich hatte später das große Vergnügen, mit ihr in der „Zauberflöte" und „Don Giovanni" zusammen zu arbeiten. Wir haben gemeinsam an der Metropolitan Opera und an der Scala gesungen, auch gemeinsam Schallplattenaufnahmen gemacht, und es gibt keine wärmere und freundlichere Kollegin als sie.

Welch' lange und ruhmreiche Karriere hat sie gehabt, und sie erfreut das Publikum, das sie verehrt, noch immer! Eine Künstlerin, die von allen geliebt und respektiert wird.

Martti Talvela

Liebe Pilar,

mir fällt es außerordentlich schwer, über Dich zu schreiben, denn Erlebtes kann man nur mit größten literarischen Künsten zu beschreiben versuchen.

Es ist seltsam, welche Gottesgabe Du hast, mit Deiner jeweiligen Rolle mir (und auch allen anderen) das sichere Wissen zu vermitteln: Sie ist da. Nicht die Liebenswürdigkeit in Person, nicht Pilar – aber die Gestalt der Rolle. Du bist mir unvergeßlich als Elisabetta in „Don Carlos". Deine Farbpalette der Gefühle ist schier grenzenlos, Du bist sie – es ist die Vollendung, und es verlangt alles. Es ist in Deinen Augen, in Deiner Gestalt! Es bringt zum Zittern! Wie oft wir zusammen auf der Bühne waren, kann ich nicht zählen. Aber eines kann ich Dir von ganzem Herzen sagen, liebe Pilar: Du hast mir in jeder Rolle von Deinem Können gegeben, von Dir selber, von dem, worin Du ja so groß bist – von einer Suchenden und so oft Findenden. Ob als Marie, als Pamina oder als Sängerin der Lieder Deines eigenen Landes und anderer Länder. Du kommst ja auch aus einer großen Schule – von Sellner, Hertha Klust, Böhm, Hollreiser. Wir sind da reich gewesen und reich geblieben in der Unerbittlichkeit der Kunst. Ich danke Dir.

Was Du für meine Festspiele in Savonlinna in den schweren Anfangsjahren warst, dafür bekommst Du heute noch einen Dank von mir und von der ganzen Familie Talvela – Du Unvergeßliche als Künstlerin und als Mensch!

PILAR LORENGAR

Im Gespräch

Wie sind Sie zur Musik gekommen?
Ich wurde als kleines Kind in ein Kloster meiner Heimatstadt Saragossa gebracht und sang dort im Chor. Mit sechs oder sieben Jahren lernte ich die Musik der Messe auswendig. Und weil meine Stimme die höchste war, wurde ich der Erste Sopran in diesem Chor von sieben Leuten. Dabei war ich noch so klein, daß ich mich immer auf einen Hocker stellen mußte. Aber selbst von dort aus konnte ich nicht einmal den Harmoniumspieler sehen. Durch dieses Chorsingen prägte sich meine Musikalität bereits besonders aus. Erst später lernte ich in der Schule das Notenlesen und erhielt auch ein bißchen Klavierunterricht. Ich glaube, ich war eine Naturbegabung und wurde sehr früh mit der Musik vertraut. Später, als ich nicht mehr im Kloster bleiben wollte und nach Hause kam, sang ich dort bei jeder sich bietenden Gelegenheit. Ich sang auch, um ein bißchen Geld zu verdienen, um mir eben Kuchen usw. kaufen zu können. Ich hatte von zu Hause dafür kein Geld, und so fragte ich alle Bekannten und Verwandten, ob ich ihnen nicht irgend etwas vorsingen könne. Mit 12 Jahren hatte ich eine ganz hübsche Stimme und lernte eine Menge Sachen auswendig. Meine Mutter sagte immer: „Hör auf zu singen! Du singst wie eine Grille!" Also, ich sang wirklich immer und überall. Wenn ich bei offenem Fenster arbeitete, bügelte oder nähte, sang ich dabei. Und unsere Nachbarinnen riefen im Sommer, wenn unsere Fenster offenstanden: „Hör auf, wir können gar nicht schlafen, wenn du immer singst." Und so nannten sie mich »die Grille«.

In den Lexika steht, Sie seien dann auf das Konservatorium in Barcelona gegangen.
Das ist eine von den vielen falschen Angaben über mich. In Barcelona habe ich nie studiert. Meine ersten Schritte in die seriöse Musik machte ich in Saragossa, da gab mir eine Konzert-Sängerin kostenlos Unterricht. Später, ich glaube, da war ich 17 Jahre alt, verließ meine Familie Saragossa, und wir siedelten nach Madrid über. Als ich dort ankam, fragte ich nach einem Gesangslehrer. Man schlug mir viele vor. Sie arbeiteten an der Hochschule, und nur eine Pädagogin unterrichtete wirklich privat. Und aus einer Intuition heraus oder weil ich immer einen Dickkopf besaß, sagte ich: „Diese Privatlehrerin möchte ich haben!" Ich habe das Konservatorium niemals betreten, sondern bin privat unterrichtet worden.

Waren Sie sich da schon ganz sicher, daß Sie Sängerin werden wollten?
Ich wollte Sängerin werden, das war für mich klar. Aber ich meinte damit nicht Opernsängerin, sondern mein Wunsch war es, Zarzuelas zu singen.
Das Gesangsstudium bei einer Privatlehrerin ist natürlich sehr teuer – und in Spanien ganz besonders. Da ich auch nie ein Stipendium bekam – ich habe in meinem Leben, in meiner Karriere alles aus eigener Kraft erreicht –, fing ich wieder an zu singen. Der Rundfunk

sendete jeden Sonnabend ein Konzert mit klassischer Musik, und da sang ich jedesmal Arien und Romanzen aus Zarzuelas. Und dann gab es in Spanien damals noch eine Menge Musikcafés, also in der Art der Wiener Kaffeehäuser. Dort wurde nachmittags musiziert, und auch in diesen Konzerten habe ich aus Zarzuelas gesungen, um Geld zu verdienen. Ich arbeitete ungefähr acht oder neun Jahre mit meiner Lehrerin sehr intensiv, also drei- oder viermal in der Woche.

Die unzuverlässigen Lexika behaupten nun, Sie seien als Mezzo ausgebildet worden.
Nein, niemals! Das ist auch ein Riesenfehler! Ich war von Anfang an ein Soprano lirico, lirico leggiero, wie man das in Spanien nennt, also ein Spinto.
Von Natur aus habe ich eine sehr leichte Stimme. Es gibt Stimmen, die sehr viel Arbeit erfordern, um sie in eine bestimmte Lage zu bringen. Also Höhe und Tiefe müssen zum Beispiel erarbeitet werden. Ich dagegen bin sozusagen mit einer Stimme geboren worden, die ein solches Erarbeiten erübrigte. Ich konnte von Anfang an sehr leicht singen, was aber den Nachteil mit sich brachte, daß in meiner Jugend die Stimme nicht gründlich genug ausgebildet wurde, weil sie eben von alleine leicht ging. Daß stimmlich alles so mühelos ging, machte es für mich auch in anderer Hinsicht schwer: Mir fehlten die Grundlagen, d. h. das kontinuierliche Erarbeiten, Studieren des Repertoires, also z. B. von Brahms, Mahler und Strauss. Ich hatte kein Repertoire im Unterricht vorbereitet, sondern studierte die Rollen immer erst ein, wenn man mir sie für eine bestimmte Aufführung anbot. Mein Repertoire entstand also im Laufe meiner Bühnentätigkeit und schien anfangs keine bestimmten Schwerpunkte, keine Richtung zu haben. Ich hatte mit Mozart-Arien begonnen, dann kam bald der Cherubino, und eine meiner ersten Aufgaben war das Sopran-Solo der 4. Sinfonie von Gustav Mahler. Das sang ich mit 19 Jahren in einer Aufführung des Spanischen Nationalorchesters unter der Leitung von Atualfo Argenta, damals der berühmteste und beste Dirigent Spaniens! Ich sang das „Wir genießen die himmlischen Freuden" auswendig, konnte natürlich kein Wort Deutsch! Noch vor meinem zwanzigsten Lebensjahr war ich für das Brahms-Requiem zum Gastspiel des Spanischen Nationalorchesters in Paris engagiert! Also, eine gewisse Vielseitigkeit war von Anfang an vorhanden, aber in welche Richtung sich alles entwickeln würde und sollte, das wußte ich damals nicht. An das deutsche Fach dachte ich zu dieser Zeit selbstverständlich überhaupt nicht.

Wie ist es dann zu den ersten Auftritten am Theater gekommen?
Durch meine Lehrerin ergaben sich Beziehungen zu Dirigenten oder Veranstaltern. Wie gesagt, erstens sang ich regelmäßig in den öffentlichen Veranstaltungen des Rundfunks, und dann wirkte ich bei Zarzuela-Aufführungen mit, wo ich ganz klein anfing. Da wurde man für eine bestimmte Zarzuela-Produktion verpflichtet, und die wurde vielleicht zwei oder drei Monate en suite gespielt. Und zwar zweimal am Tag! Ich sang immer nachmittags und abends um 23.00 Uhr. Meine Garderobe wurde so zu meinem Zuhause, und ich richtete sie mir auch entsprechend ein. Man ging damals mit der Produktion auch noch auf Tournee, aber das machte ich nie mit. Ich hatte schon damals Glück, daß ich kompetente Regisseure hatte und fing zudem in einem wirklich guten Zarzuela-Ensemble an. Ich war noch sehr, sehr jung, als mein großer Durchbruch als Zarzuela-Sängerin kam. Ein großer Komponist, Jacinto Guerero, hatte eine Zarzuela in der Art einer leichten Operette komponiert. Es gibt ja verschiedene Formen von Zarzuelas, zum Beispiel die Zarzuela seria, also die dramatische, und es gibt – neben Mischformen – auch die leichte. Und dieser Komponist nun hatte in seine Zarzuela sehr starke Elemente der Revue aufgenommen,

sagen wir ähnlich den Folies-Bergères-Revuen, also ganz glamourös. Guerero war berühmt und finanzierte ein eigenes Ensemble für eine Saison von drei, vier Monaten.
Dort war ich Anfängerin schon als die Zweite Sopranistin engagiert! Wir fingen in Toledo an. Genau wie in Amerika wurde nämlich erst in der Provinz getestet, ob alles gut geht und wie es ankommt, bevor man in die Hauptstadt ging. Als wir nach Madrid kamen, erkrankte der Komponist schwer und starb. Seine Zarzuela, „Erdbeerkorb", also: „El Canastillo de Fresas" hieß sie, kam nun posthum zur groß angekündigten Premiere für alle Spanisch sprechenden Länder.
Dieser Komponist hatte nun kurz vor seinem Tod noch die Erste Sopranistin des Ensembles geheiratet, die damit von der Zarzuela-Bühne abtrat. Und so war ich plötzlich die Erste Sopranistin und durfte durch diese für mich glückliche Schicksalsfügung die Zarzuela in der Premiere singen. Es war für mich ein Riesenerfolg! Die besonders schöne Arie „Meine Liebe" sang ich täglich sechsmal. Sie war zu einem Schlager geworden, und ich mußte sie nachmittags und abends dreimal hintereinander singen. Und das wochenlang! Wie ich das geschafft habe, frage ich mich heute selbst. Mit dieser Zarzuela gewann ich sehr schnell an Popularität, während andere dafür Jahre brauchen.
Also wirklich, was die Kritiker damals über mich schrieben, ist einfach unwahrscheinlich. Das war mein richtiges Debut, 1952, im „Teatro de la Zarzuela" von Madrid.

Was ist denn mit den Lexikon-Hinweisen auf den Sieg bei einem Gesangswettbewerb in Barcelona?

Barcelona? Vergessen Sie das! Das ist überhaupt nie passiert! Ich habe niemals an einem Wettbewerb teilgenommen. Damit haben wir nun ja schon drei Fehler der Biographien.

Sie haben viele Schallplatten mit Zarzuelas eingespielt.

Sie wurden alle um diese Zeit produziert. Meine allererste Schallplatte entstand in Madrid bei Columbia, das ist die spanische DECCA. Damals gab es in Toledo den sehr berühmten Stierkämpfer El Litri. Und für ihn produzierte man eine kleine Platte als Propaganda. Wie die Musik war, das habe ich völlig vergessen. Man fragte mich, ob ich Zeit hätte, diese Platte zu machen. Eigentlich war jemand anderes vorgesehen gewesen, aber der fiel aus, und so kamen sie auf mich. Ich ging also in das Studio, man gab mir Text und Noten, und ich sollte die in einer halben Stunde lernen. Das tat ich, und dann wurde gleich aufgenommen. So fing meine Schallplattenkarriere an.

Die Zarzuela-Aufnahmen mit Teresa Berganza...

Die sind ein bißchen später entstanden. 1952 fing ich an, Karriere zu machen, Schritt für Schritt – aber eigentlich doch sehr schnell sehr hoch. Ich war mit dem „Erdbeerkorb" in Madrid zu einer bekannten Persönlichkeit geworden. Alles mit dieser einen Zarzuela, die nach mir bis heute niemand mehr gesungen hat. Damals bekam ich für die Nachmittags- und die Abendvorstellung, in denen ich – wie gesagt – sechsmal die Romanze sang, ganze 200 Peseten, also eine minimale Gage. Zwei Jahre später erhielt ich bereits 10 000 Peseten pro Abend. Das war für die damaligen Verhältnisse ungeheuer viel Geld. Ich hatte mich also wirklich durchgesetzt.

Zu dieser Zeit gingen Sie noch zu Ihrer Lehrerin. Welches Repertoire hat sie mit Ihnen erarbeitet?

Nicht nur spanisches. Ich fing damals mit Schubert-Liedern an, also mit der internationalen Musik, denn ich hatte meine Ziele schon weiter gesteckt. Die Oper faszinierte mich, und ich beschäftigte mich intensiv mit ihr. Ich lernte Arien, aus „Faust" zum Beispiel, studierte aber keine komplette Oper, weil ich nicht wußte, was ich brauchen würde. Ich wartete, was man mir an Produktionen anbot. 1955 sang ich im englischen Fernsehen die Butterfly-Arie „Un bel di vedremo" – und nicht die gesamte Partie, wie es in den Lexika fälschlicherweise behauptet wird – und erhielt von diesem Moment an eine Reihe von Angeboten, z. B. aus Paris und Aix-en-Provence. Dort suchte man eine junge Sängerin für den Cherubino. Über eine Agentur und andere Leute hatte ich Kontakte, und so rief mich der Präsident der Festspiele an und fragte mich. Ich hatte den Cherubino noch nie gesungen, hatte ja überhaupt noch kein Repertoire und studierte die Partie nun für Aix ein.

Haben Sie denn vor Aix schon auf der Opernbühne gestanden?
Ja, in Spanien. In Sevilla habe ich zum Beispiel die Margarethe im „Faust" gesungen. Ich werde die Premiere dieser Produktion nie vergessen. Wir hatten nicht besonders viel geprobt. Vor der Gefängnisszene saß ich in der Garderobe, in der es, wie bei kleinen Theatern üblich, keinen Lautsprecher gab. Auf einmal höre ich aus dem Orchestergraben die Musik zur Gefängnisszene. Ich sollte, wenn der Vorhang aufgeht, auf dem Boden im Gefängnis liegen, saß aber eben noch in der Garderobe. Ich bekam eine Riesenschreck. Was sollte ich machen? Man hatte vergessen, mich zu rufen! Ich hatte eine solche Angst, wußte aber, daß ich irgendwie raus mußte auf die Bühne. Also ging ich einfach rückwärts auf die Bühne, ich dachte mir, die Margarethe ist ja sowieso halb verrückt, da fällt das nicht auf, taumelte also ein bißchen, raufte mir die Haare, legte mich auf den Boden und trank aus einem Krug Wasser. Ich improvisierte alles und fand dann schließlich meinen Einsatz. Auf diese Weise lernte ich das Theater richtig kennen, und die Angst, meinen Auftritt zu verpassen, begleitet mich bis heute.
Um diese Zeit machte ich auch richtige spanische Opern, »La Golondrina« zum Beispiel. Ich gewann eine Menge an Erfahrung, aber eben überwiegend mit spanischer Musik.
In Aix stieß ich dann auf ein bereits renommiertes Ensemble. Das war sehr aufregend für mich, denn so etwas kannte ich überhaupt nicht. Ich war begabt, griff alles begierig auf, was man mir sagte, aber ich glaube nicht, daß ich so recht erfaßte, was es bedeutet, mit einem solchen Ensemble eine derartige Produktion bei diesem Festival zu machen. Ich nahm das irgendwie als selbstverständlich hin und dachte gar nicht daran, daß ich von diesem Moment an international berühmt sein könnte.
Damals entstand ja von diesem „Figaro" eine Plattenaufnahme. Drei Aufführungen sollten aufgenommen und dann zusammengeschnitten werden. Ich sagte aber, daß ich einen Exklusivvertrag mit der Columbia hätte und nicht singen könne. Dabei hatte ich bis dahin nur Zarzuelas eingespielt und war also im Ausland noch unbekannt. Man drängte mich, mit der Columbia zu telefonieren, und da erhielt ich ohne weiteres die Erlaubnis. So hätte ich beinahe aus Naivität, Unerfahrenheit und Korrektheit meine erste nicht-spanische Schallplattenproduktion versäumt.
Dieser „Figaro" unter dem sehr gütigen und verständnisvollen Hans Rosbaud war ein Riesenerfolg. Und gerade den Cherubino mögen die Franzosen ganz besonders. Ich weiß nicht, warum, aber ich konnte es immer wieder feststellen, wenn ich irgendwo in Frankreich auftrat. Wie herrlich das Ensemble war, erfaßte ich erst später. Damals kannte ich keinen von diesen Kollegen und fühlte mich unter ihnen als Fremdkörper. Vielleicht dachten die: Mein Gott, wer ist das denn? Wo kommt die denn her? Wirklich, das war schon eine schwierige Situation für mich als Anfängerin. Später erwiesen sich dann mehrere aus dem Ensemble als gute Kollegen und nette Freunde.

1955 hat es auch Ihr USA-Debut gegeben.

Ja, ich sang die »Goyescas« in der Town Hall von New York, und anschließend gab ich Liederabende in anderen Städten an der Ostküste. Organisiert wurde diese Tournee von Sol Hurok, einem sehr mächtigen Impresario. Der Kontakt zu ihm war zustandegekommen durch Jannis Gyenes, einen berühmten Fotografen in Madrid. Der machte Fotos von mir, fand mich so hübsch und empfahl mich dem Herrn Hurok, der bereits Victoria de los Angeles groß herausgebracht hatte. Er interessierte sich tatsächlich für mich und bestellte mich zum Vorsingen nach London. Ich flog also nach London und erhielt einen Vertrag, der unter anderem Auftritte in Covent Garden vorsah. „La Traviata", aber leider auf Englisch! Ich bekam 75 Pfund pro Abend, daran erinnere ich mich genau, wohnte aber im Savoy-Hotel, wo ich mehr Geld bezahlte, als ich überhaupt verdiente! Es mußte eben damals das Größte vom Größten sein!

Auf der USA-Tournee sang ich Schubert und sogar Mahler. Ich hatte in der Zwischenzeit schon viel gelernt. Damals erhielt ich ja noch Gesangsunterricht, zu meiner Lehrerin ging ich, bis ich nach Berlin kam. Nach meinen Engagements kehrte ich immer wieder nach Madrid zurück und fing zu Hause an, intensiv das internationale Repertoire zu studieren. Alle möglichen Opern, später sogar schon deutsche. Ich nahm auch Englischunterricht und versuchte alles, wirklich alles, was ich bis dahin verpaßt hatte, nachzuholen.

Gibt es für eine junge spanische Sängerin bestimmte Vorbilder?

Victoria de los Angeles habe ich immer sehr bewundert! Was den spanischen Gesang, also die Lieder und Zarzuelas angeht, so ist sie bis heute diejenige, der ich mich von Stil und Interpretation her nahe fühle. Vielleicht noch meiner Lehrerin, die auch eine Sängerin gewesen war. Da waren zwei Schwestern, Ophelia und Angeles Otein, die eine ein Mezzosopran, die andere, eben meine Lehrerin, ein Soprano leggiero. Die Geschwister waren in Spanien sehr berühmt gewesen und hatten in der ganzen Welt gesungen, besonders oft in Italien, wo sie sich noch weiter hatten ausbilden lassen. Ich wollte, als ich nach Madrid kam, von Angeles Otein ausgebildet werden, weil ich dachte, daß ihre Stimme der meinen ähnlich sei. Ein Mann als Gesangspädagoge schien mir falsch, und ich wählte intuitiv diese Sopranistin.

Entscheidend für Ihre Karriere war wohl Glyndebourne, wo Sie 1956 die Pamina sangen.

Die Städtische Oper Berlin gastierte mit „Hochzeit des Figaro" und „Così fan tutte" – aber da bin ich mir nicht sicher – in Paris. Ich war zu dieser Zeit in Madrid, und meine Agentin, die ich noch heute habe, sagte mir, Carl Ebert, der Leiter der Festspiele von Glyndebourne, suche eine Pamina. Man hatte angerufen und gefragt, ob ich zum Vorsingen nach Paris kommen wolle. Ich hatte nie den Gedanken gehabt, daß ich einmal so etwas singen könnte, hatte also die Partie auch nicht studiert. Aber ich ging nach Paris. Ich glaube, die Oper spielte im Théâtre des Champs Elysées. Es fand gerade eine Probe statt. Man stellte mich vor, und dann sollte ich mit Klavierbegleitung singen. Die beiden Arien der Gräfin aus „Figaros Hochzeit" hatte ich schon oft in Konzerten gesungen, und so trug ich „Porgi amor" vor und spanische Sachen zum Schluß. Es verlief, wie Vorsingen immer verläuft: Man sagte: „Danke, sehr schön!", und ich fuhr in meine kleine Pension. Als ich am nächsten Tag nach Madrid heimreisen wollte, rief das Theater aber noch einmal an und bestellte mich ein zweitesmal. Diesmal fand gerade eine Orchesterprobe statt, es waren wieder sehr viele Leute anwesend, darunter fiel mir ein Herr auf, der beim ersten Vorsingen nicht zugegen gewesen war. Ich sang wieder „Porgi amor" und meine spanischen Sachen. Danach fragte man mich, ob ich die Mozart-Arie noch einmal, aber mit Orchester singen könne. Die ganze Unterhaltung ging dabei auf Spanisch! Ich war damals sehr nervös und flattrig und konzentrierte mich noch nicht so sehr auf die Menschen, aber ich glaube, daß Artur Rother der Dirigent war. Nach der Arie mit Orchesterbegleitung verabschiedete man mich wieder sehr freundlich, und ich fuhr nach Spanien, ohne etwas Bestimmtes erfahren zu haben. Etwa drei Wochen später erhielt ich ein Telegramm von meiner Agentin, ich sei für Glyndebourne engagiert. Dort erst lernte ich Prof. Carl Ebert kennen und fragte ihn später, wie denn damals mein Vorsingen ausgefallen sei. Daraufhin erzählte er mir eine merkwürdige Geschichte. Wegen einer Erkrankung hatte er mein erstes Vorsingen nicht hören können, hatte aber seine Frau, der er auch in musikalischen Dingen sehr vertraute, gebeten, mich anzuhören. Er hatte dann seine Leute, mit denen er in Berlin und Glyndebourne arbeitete, gefragt, wie ihnen denn das Mädchen aus Spanien gefallen habe, und man hatte so etwa geantwortet: „Ach ja, ein nettes Mädchen, aber keine Pamina!" Doch Frau Ebert hatte ihm empfohlen, mich zu hören und dann selbst zu entscheiden, ihr hatten meine Erscheinung und Stimme eben gefallen. Auf diese Weise war es zu dem zweiten Vorsingen gekommen. Prof. Carl Ebert – der fremde Herr – hatte dann auch verlangt, daß ich mit Orchester singe. Er fand, daß ich für die Pamina prädestiniert sei, und veränderte damit mein Leben von Grund auf!

Worin bestand die besondere Qualität der Regie von Prof. Ebert?
Ich denke, in seiner Musikalität. Carl Ebert kam von der Musik her und konnte die Partitur wunderbar lesen. Er besaß eine große Erfahrung im Umgang mit Sängern und führte sie ausgezeichnet. Er war ein hervorragender Regisseur, von dem ich sehr viel profitierte.

„Die Zauberflöte" wurde ja deutsch gesungen.
Das war schwer für mich, aber mein wunderbarer Korrepetitor Jani Strasser übersetzte mir alles in meinem Klavierauszug ins Spanische. Wissen Sie, ich hatte damals große Angst. Inzwischen hatte ich nämlich erfahren, wie schwer Mozart zu singen ist, besonders natürlich für jemand, der von der Zarzuela kommt und nicht in der deutsch-österreichischen Tradition des Mozart-Gesangs steht. Ich war zwar begabt, aber wegen meiner Ausbildung und dieser fehlenden Tradition stieß ich bei vielen Menschen auf Vorbehalte. Wenn damals jemand aus Deutschland oder Österreich kam, dann war der halbe Weg schon gewonnen, aber für eine Mozartsängerin aus Spanien hieß es, einen Weg voller Dornen zu gehen.

Wie haben Sie Glyndebourne erlebt?
Wir arbeiteten sehr intensiv und lange. Meine erste Pamina probte ich mindestens zwei Monate – und sehr hart! Ebert war die ganze Zeit anwesend und hatte ein herrliches Team. Für einen jungen Sänger, das weiß ich heute, war Glyndebourne ein Paradies! Es war das größte Glück für mich, so ein Theater gefunden zu haben. In dieser Zeit lernte ich, was Theater bedeutet, erwarb Disziplin und Ensemblequalitäten. Davor in Covent Garden benahm ich mich noch wie ein richtiger Teenager, wie ein Schulmädchen. Ich glaubte, ich hätte die Welt erorbert, weil ich als so junge Sängerin bereits in Covent Garden auftrat! Mein Verhalten auf der Generalprobe von „La Traviata" zeigt, wie disziplinlos ich damals war. Vor den Tableaus wurden Fotos gemacht, und als das alles nicht so klappte, löste ich

mich sofort aus der von mir dargestellten Pose der Trauer und lachte schallend. Man machte mir natürlich Vorhaltungen, aber ich nahm das alles nicht ernst. Den Regisseur, einen netten Mann, brachte ich zur Verzweiflung, weil ich nie richtig konzentriert bei der Sache war. Als die Sterbeszene der Violetta wiederholt werden sollte, weigerte ich mich glatt. Ich merkte, daß der Regisseur durch meine Allüren erbost war und daß die Kollegen über mich sprachen. Wütend verließ ich die Bühne und erschien nicht zu der für kurz danach angesetzten Probe. Ich saß in meiner Garderobe, fühlte mich plötzlich so elend und verlassen, daß ich weinen mußte. Und da kam der Tenor Richard Lewis mit Schokolade zu mir und redete mir gut zu: „Ach, Pilar, wir lieben dich doch alle..." Er war so lieb und brachte mich zum Lachen. Dann ging ich natürlich zur Probe und benahm mich besser. Ich verhielt mich ja nicht aus Bösartigkeit so unangemessen, sondern weil ich noch schrecklich naiv und unerfahren war. Das entsprang irgendwie meinem jugendlichen Übermut, der Kraft der Jugend halt. Ich war in einer seltsamen Mischung zugleich verwöhnt und unverwöhnt. So, wie sich meine Karriere insgesamt als das Resultat von Gnade und Kampf gegen Schwierigkeiten charakterisieren läßt.
Die „Traviata"-Aufführungen in London waren 1955, und man muß eben berücksichtigen, wie früh ich zu singen angefangen habe. Schauen Sie, jetzt bei der Carmen-Produktion im Rahmen des San-Antonio-Festivals schrieb ein Kritiker, daß der musikalische Höhepunkt der Aufführung die Begegnung mit der „legendären" Pilar Lorengar gewesen sei! Dieses „legendär", das klingt ja beinahe so, als ob ich schon über 80 Jahre alt sei. Ich wüßte gar nicht, für wen eine solche Bezeichnung angebracht ist. Aber ich erlebe es immer wieder, daß Leute falsche Schlüsse von meinem frühen Karrierebeginn auf mein Alter ziehen, daß man mich sprachlos anschaut, wenn die „legendäre" Pilar Lorengar dann wirklich erscheint.
Legendär – im Sinne von nur vom Hörensagen bekannt – war mein Name eine Zeit aber wirklich in Spanien. Als ich nach Berlin kam, vernachlässigte ich nämlich meine Heimat. Für zehn oder zwölf Jahre war mein Name in der spanischen Musikwelt nicht mehr so präsent. Damals hatten sich zwar Public-Relation-Manager angeboten, den Namen Pilar Lorengar ganz groß ins Gespräch zu bringen, aber das habe ich abgelehnt. Ich verzichte auf Popularität, die sich darauf gründet, daß in den Klatschspalten der Zeitungen ständig irgendwelcher Quatsch über mich steht. Solche Publicity ist einfach unwürdig. Aber in Spanien erwartete man irgendwie von mir, daß ich mich in Erinnerung rufe und dafür sorge, daß mein Name präsent bleibt. Während ich andererseits wartete, daß man auf mich zugeht. Das Verhältnis gestaltete sich so für eine Zeit ziemlich kompliziert. Man sagte in Spanien immer wieder, ich hätte das Land verlassen und sei eine Emigrantin. Das trifft aber überhaupt nicht zu, mein Schicksal hat mich einfach nach Berlin geführt. Ich habe hier meinen Mann geheiratet und ein neues Leben begonnen – habe aber doch niemals meine Heimat im Sinne einer Emigration verlassen!

Wie kam es zu dem Engagement an die Städtische Oper Berlin?

In den Jahren von Glyndebourne habe ich außerhalb der Festspielzeit in ganz Spanien Orchesterkonzerte und Liederabende gegeben. Dann kamen auch einige Konzertverpflichtungen in Deutschland hinzu. So gastierte ich auch einmal in Hannover und sang dort mit Orchester Sibelius und spanische Musik. Und in diesem Konzert saß Peter Ebert, der Sohn von Prof. Carl Ebert. Nach dem Konzert, das ein Riesenerfolg war, begrüßte er mich in der Garderobe und sagte: „Ich muß gleich nachher mit meinem Vater telefonieren und ihm sagen, daß du hier bist!" Und Carl Ebert rief mich auch im Hotel an und fragte, ob ich Lust

hätte, nach Berlin zum Vorsingen zu fliegen. Er möchte, daß mich seine Leute in Berlin hören.
Prof. Ebert wollte mir eine Chance geben. Ich hatte zwar in Glyndebourne schöne Erfolge gehabt, aber er hatte Bedenken, weil ich die deutsche Sprache nicht beherrschte. Zwar hatte ich inzwischen Italienisch und einigermaßen Englisch gelernt, aber eben nicht Deutsch. Schon in Glyndebourne hatte Prof. Ebert mir wiederholt gesagt: „Ich hätte es gerne, daß du in Berlin singst, aber du müßtest Deutsch lernen, denn ohne das kommst du nicht durch!"
Wegen dieses Sprachproblems war ich ziemlich unentschlossen und ängstlich wie immer, nahm die Einladung dann aber doch an. Man holte mich vom Flughafen ab und brachte mich zur Oper. Dort wartete schon ein Korrepetitor am Klavier auf mich. Alles ging wirklich zack, zack! Ebert und seine Mannschaft waren begeistert von mir, und ich bekam einen Vertrag für ein Jahr! Im Oktober 1957 unterschrieb ich diesen Kontrakt, und ein Jahr später trat ich das Engagement an. Im Sommer in Glyndebourne sagte mir Prof. Ebert noch einmal, daß ich die deutsche Sprache lernen müsse. In Glyndebourne sang ich den „Figaro" natürlich auf Italienisch, und als ich hier in Berlin ankam, sollte die Gräfin Almaviva meine erste Partie sein, aber eben auf Deutsch!

Mit welchen Erwartungen sind Sie nach Berlin gekommen?
Ich kam ohne bestimmte Vorstellungen nach Berlin. Es klingt vielleicht komisch, aber ich war damals eine sehr verwöhnte Person. Ich hatte in so kurzer Zeit schon so vieles erlebt, daß ich glaubte, alles sei einfach und leicht zu erreichen. Glyndebourne war ein Festival, bei dem hart gearbeitet wurde und keine Starallüren und Disziplinlosigkeit geduldet wurden. Das Team verstand sich eher als eine riesengroße Familie. Vielleicht dachte ich, in Berlin etwas Ähnliches vorzufinden.
Aber meine große Entdeckung war dann, daß jeden Abend eine andere Oper gespielt wurde. Ich hatte natürlich andere Theater gesehen, mich aber nie für den Spielbetrieb interessiert. In Berlin, wo ich schließlich für ein ganzes Jahr bleiben sollte, merkte ich erst richtig, wie schwer das alles ist. Ich dachte mir, daß ich es nie schaffen würde, heute diese Oper und übermorgen eine ganz andere zu singen. Sie sehen, wie naiv ich war! Ich wußte zwar, daß ich hier singen mußte, aber nicht, was das Haus an Partien für mich vorgesehen hatte. Also für mich brachte jeder Tag neue Aufgaben! Und plötzlich wurde ich wach, begriff meine Chance und wollte wirklich etwas leisten. In den ersten Monaten ging ich jeden Abend in die Vorstellung. Man stellte mir, wenn sie ausverkauft war, irgendwo einen Stuhl hin, und ich lernte so die Opern und ihre Berliner Inszenierungen kennen. Alles kam mir unwahrscheinlich vor, ich wußte plötzlich, daß diese Arbeit kein Spaß war, und spürte auch eine Verantwortung in mir. Ich durfte hier keinen Fehler machen! Damals in Covent Garden hatte ich die Violetta auf Englisch gesungen, ohne diese Sprache zu beherrschen. Jemand hatte mir die Partie phonetisch aufgeschrieben. So etwas Schreckliches ging nur, weil ich die Arbeit noch nicht so ernst genommen hatte. Jetzt in Berlin war aber die Situation eine ganz andere als damals in London. Ich hatte einen Vertrag abgeschlossen und mußte das ganze Repertoire eben in Deutsch singen. Dabei hatte ich einfach unterschätzt, wie schwer die deutsche Sprache ist; Englisch fiel mir leichter. Außerdem hatte ich in Spanien nicht genügend Zeit gefunden, mich gründlich auf den „Figaro" vorzubereiten, konnte also noch nichts auswendig.
Und dann kam es zu dieser Ensembleprobe für den 4. Akt, die immer in meinem Gedächtnis bleiben wird. Ich kann nicht erklären, warum, aber plötzlich erfaßte mich eine

solche Angst, daß ich glaubte, nicht nur nicht in Deutsch, sondern überhaupt nicht mehr singen zu können. Meine Kollegen musterten mich von oben bis unten, wie man es eben in jedem Theater bei einem Neuling tut. Ich muß wohl ein Bild des Jammers abgegeben haben. Jedenfalls wurde mir in dieser Situation klar, daß ich mit einer deutsch gesungenen „Figaro"-Gräfin nicht in Berlin debutieren durfte. Für diese Rolle war es einfach noch zu früh! Ich verließ ganz allein die Probe, und Ernst Märzendorfer, der Dirigent, kam zu mir und sprach mir auf Spanisch Mut zu. Mit Müh und Not hielt ich dann auch den Rest der Probe durch, fühlte mich aber wie eine Anfängerin, als hätte ich vorher noch nie gesungen. Die ganze Nacht fand ich keinen Schlaf, weil ich immer an diese Probe und die bevorstehende Aufführung dachte. Ich wußte, daß ich mit Prof. Carl Ebert sprechen mußte. Und der sagte mir am nächsten Morgen dann, nicht hart, aber doch sehr bestimmt: „Ich habe dir einen Vertrag und damit eine Chance gegeben. Du solltest wirklich beweisen, daß ich mich in dir nicht getäuscht habe. Du mußt in Berlin eben wirklich deutsch singen!" Das versprach ich ihm auch, bat aber um etwas mehr Zeit. Und Ebert war bei aller Bestimmtheit doch so gütig, mir diese Frist zu gewähren. In der kurzen Zeit hatte ich ja schon selbst gesehen, welche hervorragenden Kräfte am Haus engagiert waren, und begriffen, daß ich mich bestens vorbereiten mußte.

Und so kam es dann, daß ich nicht – wie eigentlich vorgesehen – mit der Gräfin Almaviva vor das Berliner Publikum trat, sondern mich ihm erst mit der „Carmina Burana" vorstellte. In dieser Partie fühlte ich mich völlig sicher. Zum einen ist der Text ja lateinisch, zum anderen hatte ich nicht die geringsten Probleme mit meiner Stimme. Ich fühlte mich wunderbar, war überhaupt nicht nervös, fast frei von Lampenfieber. Schließlich hatte ich schon auf einer Opernbühne gestanden. Neu für mich waren nur das Berliner Ensemble und das Publikum. Und daß es hier ein gutes Publikum gab, hatte ich bei meinen Opernbesuchen wiederholt erfahren.

Drei Monate später fand bereits Ihre erste Premiere in deutscher Sprache statt: Hindemiths „Mathis der Maler".

Die Zeit reichte dennoch aus, um mich in Berlin ins Ensemble einzuleben und Deutsch zu lernen. Schließlich studierte ich nicht nur die Regina ein, sondern sang vor der Hindemith-Premiere schon die „Figaro"-Gräfin auf deutsch. Sie können sich gar nicht vorstellen, mit welcher Begeisterung ich in Berlin mittlerweile alles anfing. Ich glaube, ich war Feuer und Flamme bei „Mathis der Maler". Fischer-Dieskau ist ja damals schon eine überragende Sängerpersönlichkeit gewesen, und neben ihm auf der Bühne zu stehen, mit ihm singen zu können, das erschien als unwahrscheinliches Glück, so als hätte ich die halbe Welt bereits gewonnen. Seine Disziplin, sein künstlerisches Ethos beeindruckten mich und prägten mein eigenes Verständnis von der Arbeit eines Künstlers.

Ich war jung und ungeheuer begabt – das darf ich wohl sagen, ohne als überheblich gelten zu müssen – und arbeitete in Berlin ernsthaft, ganz ohne Arroganz, Oberflächlichkeit und Vorspielen nicht vorhandener Sicherheit.

Bei „Pelléas und Mélisande", meiner nächsten Berliner Premiere, war ich wiederum sehr gut vorbereitet. Mit dem Dirigenten Richard Kraus wurde alles hart und oft geprobt, so daß ich mich völlig sicher fühlen konnte, wenn ich auf der Bühne stand. Es gab keine Improvisation mehr wie in den Jahren vorher. Alles war jetzt bestens einstudiert, so daß die Auftritte für mich zur reinen Freude wurden und ich keine Konkurrenz zu fürchten brauchte. Sicherheitshalber hatte man nämlich eine andere Sopranistin gebeten, die Rolle auch einzustudieren. Aber sie brauchte nie die Partie zu übernehmen. Ich glaube, ich sang die Mélisande wirklich schön und voller Empfindung.

Als letzte Premiere der Saison 1959/60 gab es im Juni 1960 „Madame Butterfly" mit Sándor Kónya als Partner, und im Dezember debutierten Sie in einer Neuinszenierung der „Verkauften Braut" als Marie.

Zu dieser Zeit mußte ich manchmal in 12 oder sogar 14 Vorstellungen pro Monat auftreten. Dabei müssen Sie bedenken, daß ich immer nur große Partien gesungen habe, die kleinste von ihnen, die der Micaëla, ist ja auch noch umfangreich und sehr anspruchsvoll. Für diese enorme Leistung erhielt ich aber nur eine sehr geringe Gage. Da ich zudem laut Vertrag sieben Monate präsent sein mußte, war ich für die Städtische Oper ein sehr preiswertes, leistungsfähiges und immer einsetzbares Ensemblemitglied. In meiner Naivität habe ich immer und alles gesungen, wie man es eben wollte.
Also, bei aller Dankbarkeit der Berliner Oper gegenüber: Man nutzte mich damals auch aus! Und eines Tages las ich in einer Kritik, daß meine Stimme ein bißchen überfordert geklungen habe, und zwar weil ich zu oft vom Hause eingesetzt werde. Ich lese Kritiken, weil ich glaube, daß sie einem Künstler sehr helfen können, wenn sie mit Vernunft, Kenntnis und Einfühlungsvermögen geschrieben sind. Im ersten Augenblick reagierte ich auf diese kritische Bemerkung sehr wütend, aber dann beschäftigte sie mich doch weiter, und schließlich erkannte ich, daß der Kritiker recht hatte: Die Oper war dabei, mich zu verschleißen! Man profitierte auf meine Kosten von meiner Freude am Singen, von der Tatsache, daß Singen für mich einfach das Schönste der Welt war und ist. Das sagte ich dann auch in der Direktion und erreichte, daß ich in Zukunft weniger Vorstellungen zu singen hatte. Durch diese Kritik war ich hellhörig geworden und fing an, mich zu kontrollieren. Wenn ich mir überlege, daß einen Tag nach der Berliner „Butterfly"-Premiere in Glyndebourne die Proben anfingen und selbst Carl Ebert es ablehnte, mich zugunsten meiner Glyndebourne-Verpflichtungen für eine „Butterfly"-Vorstellung in Berlin zu entlassen, so daß ich hin- und herfliegen mußte – wenn ich mich erinnere, daß ich einmal die Butterfly zweimal hintereinander singen mußte, dann kann ich doch sagen, ich war auf dem besten Wege gewesen, mich für die Oper kaputtzumachen! Bei aller Liebe zur Oper, ein solches Opfer ist sie nicht wert. In dem Augenblick, in dem der Mensch nicht mehr genügend leisten kann, wird er nämlich uninteressant und vergessen.

An anderen deutschen Opernhäusern sind Sie relativ selten aufgetreten.

Ich fühlte mich halt in Berlin – nach dieser notwendigen Klärung und mit einem neuen Vertrag – sehr gut verstanden. Ich hatte mich in dieses Ensemble wirklich eingelebt. Dabei bin ich ein Mensch, der besonders viel Zeit braucht. Ich sah damals immer nur das Gute bei den Menschen und im Leben, das Schlechte aber nahm ich nicht wahr, obwohl ich wohl wußte, daß es existierte. Zum Beispiel: Da ich keine Intrigantin war, dachte ich, alle anderen Menschen handeln ebenso offen und ehrlich. Und in Berlin habe ich tatsächlich ein Ensemble gefunden, das in dieser Hinsicht in Ordnung war.
Natürlich meldeten sich nach meinen Berliner Erfolgen auch die anderen großen deutschen Opernhäuser. Prof. Liebermann wollte mich nach Hamburg bringen, und die Bayerische Staatsoper engagierte mich nach der Berliner „Butterfly" für eine Premiere mit diesem Werk. Man hatte mir drei Wochen Proben zugesagt, und ich hatte mit Erlaubnis der Berliner Intendanz den Vertrag unterschrieben. Meine Gage war so klein, daß man mir als Zusatz anbot, vor der Premiere die Mimi und anderes aus dem italienischen Repertoire zu singen. Aber ich lehnte dies aus Idealismus ab, ich wollte mich dem Münchner Publikum als Butterfly präsentieren – und die Inszenierung fiel auch wirklich sehr hübsch aus. Am Ende der Probenzeit erreichte mich eine Bitte von Wieland Wagner, nach Bayreuth zum

Vorsingen zu kommen. Er suchte damals eine Elisabeth für „Tannhäuser" bzw. spielte mit dem Gedanken, Elisabeth und Venus als Doppelrolle zu besetzen. Also ich dachte, was kann ich noch mehr erreichen, als in Bayreuth aufzutreten, und ging sozusagen ohne lange Überlegungen wie ein Stier auf dieses Ziel los. Von einem Tag zum anderen lernte ich die Hallenarie und das Gebet, und mein Mann fuhr mich nach Bayreuth. Dort herrschte in den Räumen eine solche Kälte, daß ich überhaupt nicht warm wurde, sondern fror. Wieland Wagner war anwesend, man bedankte sich für das Vorsingen, und wir fuhren nach München zurück. Schon unterwegs fühlte ich mich nicht wohl und spürte eine aufsteigende Erkältung. Dennoch hielt ich bis zur Generalprobe der „Butterfly" durch. Aber da merkte ich dann, daß die Stimme nicht mehr leicht genug ansprang. Nur mit Mühe stand ich die Probe durch und wurde natürlich sehr ängstlich. Als dann noch ein Fernsehteam zu mir kam, lehnte ich alle Aufnahmen ab, weil ich mich schon zu elend fühlte. Nach der Probe stellte dann der Arzt eine ungewöhnlich schwere Luftröhrenentzündung fest. Ich mußte sofort ins Bett, und an Singen war überhaupt nicht zu denken.

Natürlich nahm ich nun an, daß die Premiere wegen meiner Erkrankung verschoben würde, und Sie können sich meine tiefe Enttäuschung vorstellen, als die „Butterfly" nach nur einem Tag Probe mit einem Ersatz zum vorgesehenen Termin zur Premiere kam! Ich war völlig verzweifelt: Drei Wochen hatte ich mich für diese Partie geschont, hatte hart gearbeitet – und dann demonstrierte man mir, daß alles auch nur mit einem Tag Probe machbar war! Es klingt vielleicht naiv, aber ich verstand die Welt nicht mehr und fühlte mich verletzt.

Man setzte dann meinen Namen später für eine „La Bohème"-Vorstellung auf den Spielplan, aber davon wußte ich überhaupt nichts und trat infolgedessen auch nicht auf. Ein paar Monate später gab ich dann ein Gastspiel in der „Butterfly"-Inszenierung, mit Hans Hopf als Linkerton. Und da mußte ich nun vor diesem Abend in einer Münchener Zeitung lesen: Gibt es überhaupt diese Pilar Lorengar? Kommt sie, oder kommt sie nicht? Man trieb also wegen der „Madame Butterfly"-Premiere und der „La Bohème" noch Spott mit mir. Darüber war ich natürlich verärgert. Es lag mir völlig fern, eine so schlechte Behandlung mit ebenso schlechtem Benehmen zu beantworten, aber dennoch trat ich nach diesen Ereignissen an der Bayerischen Staatsoper nicht mehr auf. Obwohl die Oper noch oft bei mir anfragte, war ich in München nur in einigen Konzerten, zum Beispiel mit Fritz Wunderlich, zu hören.

Oft wollen die deutschen Häuser ja nur jemanden für eine Vorstellung, ein kurzes Gastspiel verpflichten. Aber solche Engagements, bei denen ich mit einer knappen Verständigungsprobe in eine mir unbekannte Produktion einspringe, waren für mich immer tabu. Ich muß eine Inszenierung wirklich gut kennen, um mich wohlfühlen zu können.

Eine engere Beziehung zur Hamburgischen Staatsoper hat sich nicht ergeben, weil Prof. Liebermann mich für eine deutschsprachige „Così fan tutte" verpflichten wollte und ich mir nicht vorstellen konnte, eine Fiordiligi auf deutsch zu singen. Und ich habe bis heute diese Partie nur in der Originalsprache gesungen.

Solche Erlebnisse wie in München und solche Angebote wie das aus Hamburg haben bei mir bewirkt, daß ich Berlin als mein künstlerisches Zuhause ansah und von hier niemals weggehen wollte. Aus meinem Einjahresvertrag war ja längst ein Dreijahresvertrag geworden, der erhebliche Verbesserungen für mich enthielt, wenn die natürlich auch sehr spät bewilligt worden waren. 1961 kamen dann die Salzburger Festspiele hinzu, und das darf ich wohl sagen: Bald lag mir die Welt zu Füßen. Nach Salzburg holte mich Ferenc Fricsay. Unter seiner Leitung hatte ich in Berlin in Honeggers „König David" gesungen und die harte Probenzeit mit ihm richtig genossen. Ich spürte eben, vielleicht weil ich in den Jahren davor so vieles versäumt hatte, den Drang, alles aufzunehmen, zu assimilieren, alles zu lernen und mein Bestes zu geben. Die Arbeit mit Fricsay forderte wirklich alles von einem Künstler, aber es war doch nur positiv und eine wunderwunderschöne Zeit.

Da Sie so begeistert von der musikalischen Arbeit sprechen, stellt sich natürlich die Frage nach der szenischen Arbeit.

Im Laufe meiner wirklich herrlichen Bühnenjahre habe ich so viele Kollegen bei der Arbeit beobachtet und dabei feststellen können, daß sie im Grunde genommen das gleiche Problem haben wie ich: Man ist nicht die Bühnenfigur, sondern muß sie sich erarbeiten, aneignen. Und dazu braucht man einen Regisseur. Von alleine käme aus mir gar nichts, ich muß herausgefordert werden. Nur die Idee eines Regisseurs setzt in mir etwas frei, nur durch einen Gedanken, eine Führung entwickelt sich das Rollenprofil. Die Regie, und dafür haben wir sie ja schließlich, muß wecken, was in mir schlummert, muß hervorholen, was in mir verborgen ist. Ich kann von jedem Regisseur, und sei er noch so wenig hilfreich, immer noch etwas lernen, und wenn es nur das ist, wie man es nicht machen sollte. Die Haltung mancher Kollegen, Proben seien überflüssig, wenn man die Partie schon häufig gesungen hat, ist mir fremd.

Die entscheidenden Impulse für die Interpretation, die kommen allerdings nicht vom Regisseur, sondern von mir. Er kann mir nur Ideen geben, Gänge und Gesten vorschlagen, den Ausdruck schaffe ich allein, indem ich meine Existenz, meine Individualität in die Rolle einbringe. So kann ich auch nur mit Regisseuren arbeiten, die Menschenkenntnis haben und psychologisch-sensibel vorgehen. Sie dürfen nicht grob sein und zerstören, was in mir vorhanden ist, sondern haben empfindsam darauf einzugehen.

Mit der Premiere ist ja der Schaffensprozeß auch nicht beendet. Wenn ich zum Beispiel an die herrlichen Barlog-Inszenierungen denke, so hat sich meine Rollenauffassung in den Aufführungsserien danach bis heute geändert. Die Einstudierung stellt sich als eine erste Begegnung mit einer Tatjana z. B. oder einer Manon dar, und heute verkörpere ich diese Figuren gelöster und freier. Ich sehe neue Aspekte dieser Geschöpfe und spiele die Manon und die Tatjana weniger sentimental, viel sachlicher als in der Premiere. Das heißt aber nun nicht, daß ich das ursprüngliche Regiekonzept verlasse, nein, ich gestalte immer noch eine Manon oder eine Tosca, wie sie Barlog mit mir entworfen hat. Ich arbeite eben nur die Charaktere im Rahmen der Regiekonzeption weiter aus. Was Barlog mir gesagt und gezeigt hat, habe ich ja akzeptiert und zu meinem Eigenen gemacht. Und Barlogs Konzept der Tosca hat sich auch bei den Proben erst im Kontakt mit den Sängern entwickelt. Jeder Sänger bringt doch etwas hinzu, ich zum Beispiel die Feminité. Ein Regisseur muß eben fähig sein, seine Vorüberlegungen zu verändern, muß bereit sein zur Verwandlung. Der gute Regisseur erkennt, was ihm vom Künstler an Möglichkeiten entgegengebracht wird, und wenn er sensibel und offen ist, kann er den Künstler wie ein Töpfer modellieren. Barlogs Konzepte haben sich in der Arbeit mit dem Ensemble verändert, die Sänger haben Eigenes beigesteuert, vor allem natürlich vom Musikalischen. Wenn in der „Tosca", sagen wir, eine gewisse Phrase zu singen ist, dann beeinflußt sie doch meinen Ausdruck, ermöglicht eine bestimmte Emotion, z. B. das Gefühl von Frömmigkeit oder Sentimentalität.

Aus einem solchen Wechselspiel zwischen Regisseur und Sänger entsteht eine wunderbare Mischung und wächst vieles. Und ich halte z. B. die Tosca für eine meiner schönsten Leistungen. Barlog führte mich eben hervorragend und ließ sich auch auf meine Überlegungen ein. Zum Beispiel mußte ich schon als ganz junge Sängerin innerlich immer lachen über das Ende des 2. Aktes: Wenn Scarpia stirbt, dann fällt der Darsteller immer auf den Rücken, mal liegt dann ein dicker, mal ein dünner Scarpia am Boden, und Tosca muß nun abgehen. Aber dazu gibt es eine lange Orchestermusik, die darstellerisch ausgefüllt werden muß. Üblicherweise holt Tosca dazu ein Kreuz und stellt es neben dem ausgestreckten Scarpia zwischen einem Kandelaber links und rechts auf. Dies fand ich immer so lächerlich, so unglaubwürdig. Und deshalb sagte ich dann auch zu Barlog, daß ich diesen Kandelaber-Ritus ablehne. Lorin Maazel ist ja ein sehr realistisch denkender Mensch und unterstützte mich. Zu dritt dachten wir nach, was ich stattdessen in dieser langen Musik spielen könnte. Ich glaube, Barlog gab mir schließlich solche Anweisungen, daß ich diese Unendlichkeit wirklich mit sinnvollem Erleben ausfülle.

Ähnlich lag der Fall mit der großen Arie „Vissi d'arte", die ja immer am Boden liegend gesungen wird. Als man mir an der Metropolitan die Tosca anbot, lehnte ich wegen dieser Tradition ab. Eine Tosca, die bei „Nur der Schönheit weihi ich mein Leben" nicht auf dem Bühnenboden liegt, hat keinen Erfolg dort. Ich würde mir aber in diesem Klischee unglaubwürdig vorkommen. Abgesehen davon, daß meine Stimme in der „Tosca" auch nicht für die riesigen Dimensionen der Metropolitan reichen würde. Ich bin ein lyrischer Sopran und brauche für diese Partie einen eher intimen Rahmen. Wenn man ein kleines Flugzeug gut steuern kann, kann man schließlich noch keinen Jumbo lenken. Bleib in deiner kleinen Cessna, das ist meine Devise.

Das Berliner „Tosca"-Team war aber auch herrlich, denken Sie nur an den Scarpia von Ingvar Wixell. Die Geschlossenheit dieser Inszenierung kam durch Barlog, der eben in diesem Puccini nicht wie üblich protzige Oper sah, sondern der das Drama zwischen den Figuren aufdeckte. Für manche ist das Bühnenbild nicht pompös genug ausgefallen, besonders im 2. Akt, aber von der Regie her kann man das meiner Meinung nach nicht schöner machen. Bei diesem Glücksfall halte ich mich natürlich in allen Vorstellungen an das Regiekonzept. Aber selbstverständlich fließt auch hier meine Erfahrung ein, und ich entwickle einen größeren Mut. Wenn ich eine Rolle zum erstenmal singe, traue ich mich nicht über das Einstudierte hinaus, fehlt es noch am Mut zur Spontaneität, zum vollen Ausdruck. Aber im Laufe der Zeit werde ich, wie gesagt, freier und gewinne der Partie immer wieder neue, aufregende Seiten ab.

Man bekommt zwar Routine, aber nicht im Sinne stumpfer Gewohnheit, sondern als größere Sicherheit verstanden. Man steht auf der Bühne und weiß genau, worum es geht. Außerdem habe ich keine Partie so oft gesungen, daß ich mich nicht mehr voll engagieren würde. So habe ich auch sehr früh aufgehört zu notieren, wie oft ich eine Rolle gesungen habe. Ich will das gar nicht wissen! Für mich ist jede Vorstellung ein neues Erlebnis, in gewisser Weise eine Premiere.

Leonie Rysanek hat einmal gesagt: Als Anfängerin, wenn man die Proben dringend braucht, bekommt man sie nicht, aber später, wenn man nicht mehr auf sie angewiesen ist, darf man so lange probieren, wie man will.

Diese Erfahrung gilt für mich nicht. Als junge Sängerin in Berlin hatte ich wirklich bei jeder Einstudierung die besten Probenbedingungen. Es war eine ideale Lehrzeit, vielleicht kann das keine andere Künstlerin so von sich sagen.

Sie haben in Glyndebourne früh die Arbeit in einem Ensemble kennengelernt und wurden bald darauf Mitglied des Ensembles der Städtischen Oper Berlin.

An diese Ensembles denke ich heute noch mit großer Sehnsucht zurück. Ich glaube, für eine junge Sängerin ist die Arbeit in solchen Teams das Schönste und Höchste, was man erreichen kann. Für mich war es reinstes Glück: Glyndebourne sozusagen als Vorspiel und dann unter derselben Direktion eben Berlin! Daß ich heute singen kann, verdanke ich diesem herrlichen Ensemble, das ich hier vorgefunden habe. Und das mich wahrhaftig nicht geschont hat! An die Alternative, mit ein paar Rollen von Gastspiel zu Gastspiel zu reisen, habe ich niemals gedacht. Es wäre ja damals auch vom Repertoire her unmöglich gewesen. Schließlich hatte ich vor Berlin nur „Zauberflöte", „Figaros Hochzeit", „La Bohème" und die Nanetta studiert, die ich so gerne Glyndebourne gesungen hätte, aber nicht bekam, weil ich angeblich in das rein italienische „Falstaff"-Ensemble nicht paßte.

Wie sehen Sie denn die Zukunft des Ensemble-Theaters?
Schlecht! Das Publikum will – glaube ich – das Ensemble nicht mehr. Wir haben heute ja immer noch eine Reihe von sehr guten Sängern, die sich vertraglich binden, mehrere Monate an einem Haus Repertoire zu singen. Aber das Publikum, vom Fernsehen und der Schallplatte her verwöhnt, will im Grunde genommen immer nur die großen Stars. Und die reisen nun eben für ein paar Wochen von Metropole zu Metropole, und überall singen dieselben Künstler dieselben Partien. Die herrliche Zeit der Oper, die ist damit meines Erachtens vorbei. Die jungen Sänger haben vielfach keine Geduld mehr, sich einem Ensemble – stilistisch – anzupassen, stattdessen drängt es sie, überall in der Welt zu gastieren. Ich meine, man sollte ruhig auch an anderen Häusern singen, aber man muß vorher seine Stimme ganz präzise erzogen haben und genau wissen, was sie bringt und was ihr zugemutet werden darf.

Der Repertoire-Alltag bringt doch sicher auch Enttäuschungen.
Ja, manchmal bin ich schon sehr unglücklich über die fehlende Reaktion beim Publikum. Es gibt doch im Opernalltag durchaus Aufführungen mit Weltniveau, es kommt doch immer wieder vor, daß auf der Bühne ein hervorragendes Ensemble versammelt ist und daß ein wirklich guter Dirigent am Pult steht. Aber das Publikum nimmt diese Leistung überhaupt nicht zur Kenntnis oder aber reagiert nicht so, wie es z. B. das Publikum von New York in einem solchen Fall tun würde. Zwar bin ich an solchen Abenden zufrieden, weil ich weiß, daß ich eine gute Leistung erbracht habe, aber natürlich würde ich es lieber sehen, wenn das Publikum zeigen würde, daß es den Rang der Aufführung erkannt hat. Wenn ich beispielsweise mit Placido Domingo in „La Bohème" auf der Bühne stehe, dann rast das Publikum vor Begeisterung, aber in einer nicht so prominent besetzten Aufführung würde eine absolut ebenbürtig gesungene Mimi nicht zur Kenntnis genommen. Was soll man machen? Dann gibt es natürlich auch Abende, wo erstklassige Leute als Partner fehlen und man infolgedessen selbst nicht sein Bestes erreicht. Ich würde natürlich am liebsten immer nur mit den Allerbesten singen, denn das steigert die eigene Leistung, aber solche Besetzungen kann es nicht immer geben.

Besonders eng sind Ihre Bindungen an die Opern von New York und San Francisco.
Als ich die Butterfly in Berlin sang, machte Prof. Carl Ebert einen der Manager einer großen New Yorker Künstler-Agentur auf mich aufmerksam. Dieser Herr kam dann auch nach Berlin, sah mich als Butterfly und war davon so begeistert, daß er mir sofort einen Vertrag für die Metropolitan und andere Auftritte in den USA anbot. Diesen Kontrakt, der zunächst für drei Jahre galt, unterschrieb ich und sang auch in San Francisco in „Turandot", „Otello", „Carmen" und „Figaros Hochzeit". Als ich nach New York kam, teilte man mir mit, daß der Manager, der mich unter Vertrag genommen hatte, gestorben sei und ich in dieser Situation den Vertrag mit dem Management lösen könne. Ich kündigte

ihn aber nicht, sondern blieb insgesamt drei Jahre bei dieser Agentur, obwohl sie sich sehr wenig für mich einsetzte. Trotzdem gelang es mir, wie der verstorbene Agent es prophezeit hatte, das Publikum der Met und in den USA für mich zu gewinnen. In New York debütierte ich in „Don Giovanni", und bis heute bin ich Mitglied des Met-Ensembles. Die Metropolitan gehört neben der Mailänder Scala, der Wiener Staatsoper, Covent Garden und der Deutschen Oper Berlin zu den Opernhäusern der Welt, an denen auftreten zu dürfen eine Ehre ist oder die Krönung einer Sängerlaufbahn darstellt. Vor der Met war ich schon in der Scala aufgetreten, und es gibt durchaus Kollegen, die dieses Haus als wichtiger einschätzen als die Met. Ich habe an all den Häusern gesungen, die als wichtig gelten, und es immer als besondere Herausforderung erlebt, jedesmal das Publikum für mich zu gewinnen und so überall anerkannt zu werden. Als ich an der Met debütierte, stand das Haus noch im Ruf, daß nur die besten Sänger dort engagiert werden. Und es war sehr schwierig, in dieses Ensemble aufgenommen zu werden. Beispielsweise übernahm ich zu meinem Debut die Donna Elvira von Elisabeth Schwarzkopf. Und da bedeutete es schon etwas, in dieser Rolle Erfolg zu haben.

Die Met stellt schließlich besondere Anforderungen. Dieses riesige Haus mit seinen 4000 Plätzen stimmlich zu bewältigen ist für eine Stimme wie die meine wirklich nicht einfach. Wenn man in Berlin singt, braucht man, pauschal gesagt, nur die Hälfte des Volumens. Zwar klingt in der Met natürlich auch das Orchester leiser, aber als Violetta oder Pamina durchzukommen, das ist eine Leistung und für mich eine wichtige Erfahrung.

Was die Produktionen angeht, so muß ich sagen, daß die Berliner Inszenierungen interessanter und durchdachter sind. Aber in New York oder in San Francisco herrscht eine wunderbare Atmosphäre: Man bemüht sich so um die Sänger, daß man sich dort einfach glücklich fühlt. Das Publikum verlangt enorm viel, und die Kritiker urteilen noch härter als unsere – aber dennoch ist das Klima herzlicher und die Reaktion wärmer.

Die Beziehungen zur San Francisco Opera sind noch enger geworden, seit Terry McEwen der Direktor ist. Er gibt mir herrliche Partien und wacht darüber, daß ich auch dort nicht die Grenzen meines Fachs überschreite. So ist es wirklich für mich jedesmal eine große Freude, in diesem wunderschönen Theater dieser herrlichen Stadt zu singen!

Zu Wieland Wagners Zeiten hätte ich es als Höhepunkt meiner Karriere angesehen, in Bayreuth eine Elsa zu singen. Damals waren die Bayreuther Festspiele ja wirklich der Gipfel in der Laufbahn eines Wagnersängers. Doch es ist nie zu einer Verpflichtung auf dem Grünen Hügel gekommen, und heute ist es für mich nicht mehr von großer Wichtigkeit.

Ich möchte Sie bitten, die Künstlerin Pilar Lorengar einmal zu charakterisieren.

Da gibt es nichts zu charakterisieren, glauben Sie mir! Ich bin so einfach und tue nichts Außergewöhnliches. Zudem kann ich mich doch nicht selbst beurteilen! Das einzige, was ich sagen kann, ist, daß ich gelernt habe, auf der Bühne diszipliniert zu sein, und daß es mein Prinzip ist, nur dann aufzutreten, wenn ich mich in der Inszenierung und musikalisch absolut sicher fühle. Gastspiele, bei denen man während der Aufführung vom Inspizienten Anweisungen mit den Augen oder durch Fingerzeige erhält, lehne ich ab. Ich will nicht ahnungslos auf einer Bühne stehen und mich aus den Kulissen heraus irgendwohin dirigieren lassen. Wenn ich mich aber souverän in der Inszenierung bewegen kann, dann empfinde ich Freude. Ja, ich bin heute aufgrund meiner Erfahrung so weit, daß mir auf der Bühne überhaupt nichts mehr schiefgehen kann. Wenn beispielsweise ein Partner irgendetwas verliert oder wenn etwas auf den Boden fällt, dann kann ich das ganz unauffällig wieder an seinen Platz bringen, ohne die Partner und die Aufführung zu stören. Für mich gibt es nie Panik, vielmehr freue ich mich, wenn ich irgendwie ein kleines Malheur verhindern oder beseitigen kann, weil ich sicher bin.

Also ist Pilar Lorengar eine Perfektionistin?
Ich glaube, das bin ich wirklich. Ich muß mich z. B. darauf verlassen können, daß alles bis hin zu den Requisiten hundertprozentig stimmt. Bei einer „Tosca"-Aufführung etwa muß das Messer genau, wie es vorgeschrieben ist, liegen, muß die Position des Sessels stimmen. Oder mein Bett in der Berliner „La Bohème": Was meinen Sie, wie oft ich probiert habe, um dieses furchtbar harte Bett durch Kopfstützen so bequem zu machen, daß ich, ohne Qualen zu erleiden, auch singen kann! Wehe, wenn jemand die Matratze auch nur berührt! Bevor der Vorhang aufgeht, gehe ich auf die Bühne und kontrolliere alles, damit möglichst keine Pannen passieren; die treten auch so noch reichlich auf.
Bei den meisten Opern kann ich die anderen Rollen, also selbst die Männerpartien, auch auswendig. Notfalls könnte ich soufflieren, und natürlich habe ich Kollegen schon zugeflüstert, welcher Gang, welche Geste jetzt vorgesehen ist. Solche schnellen kleinen Hilfen vor allen Dingen für Gäste im Ensemble kann ich jederzeit geben.

Eine besondere Tugend von Pilar Lorengar scheint mir zu sein, daß sie sich nie in den Vordergrund spielt.
So habe ich es eben gelernt. Auch wenn ich mit Kollegen singe, die an der Rampe stehen, bleibe ich in meiner Rolle so, wie sie von der Regie konzipiert worden ist. Ich hätte das Gefühl, mich schämen zu müssen und dem Publikum unrecht zu tun, wenn ich auf Kosten anderer Leute einen persönlichen Erfolg erringen wollte. Schließlich habe ich eine bestimmte Würde, die ich doch auch auf der Bühne nicht verlieren darf. Der Verlust von Haltung ist das Schlimmste für mich. Es würde mich so unglücklich machen, daß ich nicht mehr ruhig schlafen könnte. So aber erlebe ich nur Freude auf der Bühne, und ich habe eigentlich überall, aber gerade hier in Berlin, wo ich daheim bin, so wunderbare Kollegen, daß es aus einem Teamgeist heraus zu herrlichen Vorstellungen kommt.

Sie können bereits auf eine ungewöhnlich lange Karriere zurückblicken. Was sind die Voraussetzungen für solch dauerhaften Erfolg?
Ich bin der Meinung: Wie man die Stimme behandelt, so bedankt sie sich. Mein Kollege Pavarotti sagte einmal, daß man die Stimme jeden Tag ein bißchen bewegen müsse. Und das ist nach meiner Erfahrung richtig. Ich übe täglich und halte lange Pausen im Stimmtraining für schädlich. Man muß ganz genau wissen, wie die Stimme geartet ist, wie sie funktioniert. Meine Stimme ist sehr empfindlich, und schon früh habe ich akzeptieren müssen, daß sie viele Opfer erfordert, daß ich ihretwegen auf vieles verzichten muß. Ich kann zum Beispiel nicht vor einer Vorstellung einen Einkaufsbummel machen, kann nicht am Abend vorher auf ein Fest gehen. Vor Premieren oder einer Wiederaufnahme bleibe ich eine ganze Woche nach den Proben nur zu Hause. Ich versuche möglichst wenig zu sprechen, um die Stimme zu schonen. Wenn ich diesen gewohnten Rhythmus verändere, dann rächt sich meine Stimme sofort. Vielleicht ist das auch nur als eine psychologisch bedingte Reaktion anzusehen, jedenfalls muß ich mein Leben auf meine Stimme hin ausrichten, muß es so organisieren, daß sie sich eben bedankt!

Was zeichnet diese so pfleglich behandelte Stimme Ihrer Meinung nach besonders aus?
Vielleicht ihre sichere Höhe. Aber ich kann natürlich genauso gut etwas Negatives anführen. Wie oft haben in all den Jahren Kritiker mir ein Tremolo vorgehalten. Ich sagte

es ja schon: Von der Kritik erhielt ich immer Zuckerbrot und Peitsche! Die Höhe ist halt übereinstimmend immer gelobt worden. Und die Stimme funktioniert im hohen Bereich auch reibungslos. Wenn ich in die Höhe gehe, also auch über das hohe C hinaus, fühle ich mich ganz angstfrei. Von Anfang an war die Stimme in der Höhe immer voll, während sie in der Mittellage nicht sehr groß ist. Ich habe auch nie versucht, sie in der Tiefe breiter zu machen, denn ich bin ein Soprano lirico, ein Spinto eben. Wenn ich an einer Weiterung gearbeitet hätte, könnte ich beispielsweise die Konstanze singen. Aber vor dieser Entwicklung bin ich immer zurückgeschreckt. Schon als junge Sängerin habe ich gelernt, daß man immer noch zwei Töne über das hinausgehen können muß, was die Partitur vorschreibt. Nur mit einer solchen Reserve, nur dann, wenn die Grenze der Partitur nicht auch die Grenze der stimmlichen Möglichkeiten ist, klingt die Stimme wirklich frei.

Meine Höhe hat von Natur aus, vom Kopf her eine solche Brillanz und Vibration, daß bei den frühen Schallplattenaufnahmen die Stimme – zum Teil vollkommen rücksichtslos – gedrosselt worden ist. Ich habe damals nie eine Platte mit meiner vollen Stimme machen können. Erst mit der Stereotechnik wurden Timbre und Höhe naturgetreu wiedergegeben. Und dieses Timbre und meine Höhe habe ich immer zu halten versucht. So bin ich nie ins dramatische Fach gegangen. Wenn ich ständig die Tosca gesungen hätte, dann könnte ich heute wohl überhaupt nicht mehr singen. Ich muß die Substanz gut bewahren und wissen, wie weit ich gehen kann. Das richtige Repertoire zu singen, die richtigen Rollen zur richtigen Zeit, das ist entscheidend. Ich habe das Glück, den Instinkt dafür zu besitzen, was für meine Stimme zumutbar und gut ist. Niemals hätte ich als ganz junge Sängerin beispielsweise eine Eva gesungen, und die dramatischen Rollen wie die Tosca, die habe ich erst in den späteren Jahren übernommen. Ich bin da sehr vorsichtig, ja, fast ängstlich vorgegangen. Zwar komme ich mir manchmal etwas lächerlich vor, bei Mimi und Desdemona z. B. geblieben zu sein, während andere das ganze Repertoire vom Hochdramatischen bis hin zur Koloratur singen – aber ich könnte so etwas einfach nicht tun. Ich darf meiner Stimme nicht schaden, und das heißt eben: das adäquate Repertoire aussuchen und mit einem Lehrer kontinuierlich an der Stimme arbeiten.

Eine Stimme braucht, glaube ich, immer eine Kontrolle. Früher arbeitete ich mit meiner über alles geliebten und verehrten Hertha Klust. Und nach ihrem Tod gab es eine lange Zeit, wo ich ohne Führung mich selbst kontrollieren mußte, was allerdings nie richtig befriedigt. Ich fing also an, jemanden zu suchen, mit dem ich wieder studieren konnte. Nun bin ich ein sehr zurückhaltender, vielleicht sogar gehemmter Mensch – und konnte mich einfach nicht für jemanden entschließen. So eine Situation ist nicht einfach. Man ist schließlich eine fertige Sängerin, und es fällt einem nicht leicht, Fehler vor anderen einzugestehen. Ich jedenfalls neige dazu, Schwächen vor anderen zu verbergen und für mich zu behalten. Eine Arbeit mit Frau Grümmer kam aus Termingründen nicht zustande. Während ich in New York die Elsa einstudierte, fing ich eine Diätkur an. Und das wirkte sich auf meine Stimme aus: Ich merkte, daß sie an Volumen und Glanz einbüßte. Erst als ich wieder zunahm, gewann sie die alte Kraft zurück. Jedenfalls suchte ich in dieser problematischen Situation verstärkt nach einem Lehrer. Ich spürte, daß ich keine Zeit verlieren durfte, daß ich in der Gefahr war, meiner Stimme zu schaden, indem ich eine für mich ungeeignete Technik imitierte oder anfing, mit einer falschen Technik zu singen. Man riet mir, nach Bonn zu gehen, und ich spielte auch mit dem Gedanken, Unterricht bei der Lehrerin von Leontyne Price zu nehmen. Aber mein Instinkt sagte mir, daß das alles nicht das Richtige sein würde – und ich verließ mich auch diesmal auf mein Gefühl. Und wirklich – in Berlin empfahl mir jemand Frau Prof. Hartmann. In ihr fand ich die Pädagogin, die für mich richtig ist, mit der zu arbeiten ein großes Glück bedeutet. Ich bedaure, daß ich diese begnadete Lehrerin nicht schon früher gefunden habe! Sie versuchte nicht, meine Technik zu ändern, aber ich konnte sie doch verbessern. Ich singe seither bewußter und glaube, daß ich bei jedem Ton, den ich heute produziere, weiß, warum ich es tue. Nach so vielen Jahren einer Karriere, da muß man einfach mit dem Organ, das man hat, ökonomisch umgehen und ganz genau wissen, wie man jeden Ton zu bilden hat. Ich glaube, daß ich in dieser Beziehung mit Frau Hartmann wunderbare Fortschritte erzielt habe. Strenggenommen hat es eine Stimmkrise also nicht gegeben. Ich bin weder auf der Bühne ausgefallen, noch habe ich je eine Vorstellung abbrechen müssen, und es ist mir auch noch kein Ton weggerutscht. Es hat also nur die Phase gegeben, da die Stimme schmaler und leiser klang und Gefahr im Verzuge war.

Haben Sie in Ihrer Karriere keine Niederlagen erleben müssen?
Bis auf die Berliner „Pique Dame" habe ich auf der Bühne keine Niederlage erlebt. Ich hätte diese heikle Partie nicht singen dürfen. Aber ich glaube, ich brauche mich auch nicht zu schämen für das, was ich damals allen Widrigkeiten zum Trotz doch geleistet habe. Die Oper hatte ja schon vor einem Jahr mit jemand anderem herauskommen sollen. Dann wurde aber alles gestoppt, und ich dachte natürlich, daß beim zweiten Anlauf alles neu konzipiert, daß alles, was vorher bereits falsch gemacht worden war, nun bis zur Premiere korrigiert werden würde. Aber da täuschte ich mich. Es wurde szenisch eine so lieblose Produktion, wie ich es an der Deutschen Oper noch nicht erlebt hatte. Die einzige gute Erinnerung an diese Produktion ist für mich die musikalische Arbeit mit Gerd Albrecht. Aber es fehlte eben eine Regiepersönlichkeit, die mir den Zugang zur Lisa, zu dieser Frau, die bis zur Hörigkeit hin liebt, erleichtert hätte. Ich hatte mich verpflichtet, fünf Vorstellungen zu singen und auch gehört, daß man nach der Premiere in der Oper bereits Wetten abgeschlossen hatte, daß die Lorengar die Vorstellungen nach der Premiere absagen würde! Aber ich habe alle fünf Aufführungen brav gesungen.
Sehen Sie, Tschaikowskys Tatjana, die liebe ich wirklich! Und da gibt es auch einen Reifeprozeß zu verzeichnen. Sicherlich habe ich diese Figur am Anfang zu traurig, wenn auch nicht larmoyant angelegt, und erst später habe ich erkannt, welche Gefühlsbreite zwischen Traurigkeit und Fröhlichkeit in dieser Partie steckt und daß man dies alles ausspielen muß!

Hat es in Ihrer Arbeit Momente gegeben, in denen Sie Wesentliches erkannt oder gespürt haben, Augenblicke der Wahrheit sozusagen.
So etwas gilt für meine Arbeit mit Boleslaw Barlog an der Manon. Der letzte Akt von „Manon Lescaut"! Bis dahin hatte ich mir einfach nicht vorstellen können, daß man auf der Opernbühne so herrliches Theater spielen kann. Man kann wirklich sterben auf der Bühne! Die Arbeit an der „Tosca" war schon unvergeßlich, aber die Manon ist von der Rolle her noch ergreifender, noch intensiver von mir zu erleben. Ich kann sagen: besitzergreifend und alles fordernd. In dieser „Manon Lescaut" habe ich alles gegeben und mich wirklich dabei aufgegeben, vom Schauspielerischen und vom Gefühl her gesehen. Das werde ich nie vergessen. Es ist ein Höhepunkt in meinem Leben, und für so etwas lohnt es sich zu singen.

Sie haben auch mit Wieland Wagner gearbeitet.
Ja, aber ich habe daran keine besonders intensiven Erinnerungen. Zum einen erlebte ich ihn ja nur einmal als Regisseur, nämlich bei den Berliner „Meistersingern", und zum

anderen stimmte ich mit seiner Konzeption der Eva nicht überein. Mag sein, daß ich noch nicht reif genug für eine produktive Auseinandersetzung mit Wieland war, jedenfalls verstand er Evchen als ein eher oberflächliches Geschöpf – und das war es in meinen Augen nun ganz und gar nicht. Ich konnte die Eva einfach nicht so sehen, wie Wieland sie auffaßte! Ich ging jedenfalls ganz offen und fast naiv an diese Arbeit heran. Das war ja überhaupt meine erste Wagnerpartie, die ich singen sollte! Und ich hatte sie mit Hertha Klust und Josef Greindl studiert. Dieses Studium mit den beiden war so gründlich und wunderbar, daß ich mich musikalisch perfekt fühlte und keine Angst zu haben brauchte – zumal zu meiner Freude Heinrich Hollreiser dirigierte. Aber wie gesagt, zu Wieland ergab sich keine spontane Übereinstimmung, und ich fühlte mich als Wagner-Neuling auf der Bühne wie ein Mädchen vom Lande und hatte ständig Angst!

Vor Berlin hätte ich wohl nicht zugegeben, daß ich eine Partie noch nie gesungen hatte, da hätte ich wohl eher aus Angst vor einer Blamage geblufft – aber das lag mir damals schon längst fern. Ich sagte zu Wieland, daß ich noch nie als Evchen auf der Bühne gestanden hatte.

Ähnlich verhielt sich das übrigens später bei der „Freischütz"-Produktion an der Metropolitan im Jahr 1971. Seit 1929 war „Der Freischütz" an der Met nicht mehr inszeniert worden, und man hatte nun die Produktion mit Sandor Konya und Edith Mathis sehr prominent besetzt. Bei der ersten Probe sagte der Regisseur gleich am Anfang: „Na ja, ihr kennt ja das alles schon, jeder von euch hat die Partie schließlich schon x-mal gesungen." Und da erwiderte ich eben, daß dies meine erste Agathe sei und ich eigentlich erwarte, daß er mit mir diese Rolle auch gründlich erarbeite. Und Rudolf Heinrich, der die Regie führte, zeigte sich für diese Ehrlichkeit sehr dankbar und gab sich große Mühe mit mir.

Ich meine, auch wenn ich zum erstenmal eine Rolle übernehme, bin ich musikalisch natürlich vorbereitet und kann die Partie auswendig. Also vom Gesang her bin ich dann schon soweit fertig, daß mich niemand mehr wesentlich beeinflussen kann. Sicher, der Dirigent kann von mir verlangen, daß ich beispielsweise eine bestimmte Phrase kürzer oder länger nehme – aber die Gesamtkonzeption meines Gesangs, die steht fest. Was ich brauche, ist die Einweisung in die Darstellung durch einen Regisseur. Und manchmal, wenn der Regisseur wirklich gut ist, dann harmonieren eben Darstellung und Gesangsstil vollkommen. Damit ergeben sich auch solche Augenblicke der Erkenntnis, von denen wir sprachen, nicht in der Arbeit mit einem Dirigenten. Da geht es immer nur um kleine Änderungen und Anpassungen.

Ich habe allerdings auch nie mit Pult-Tyrannen arbeiten müssen, die einen Sänger rücksichtslos überfordern, von ihm Unmögliches oder Unmusikalisches verlangen. Fricsay erwartete unbedingten Einsatz, aber die Arbeit verlief stets positiv und konstruktiv für mich. Alles, was ich an Negativem über seinen Arbeitsstil gehört hatte, traf nicht zu. Ich habe Ferenc Fricsay eben zu einer Zeit getroffen, als es nichts Tyrannisches an ihm gab. So war das auch mit Karl Böhm. Ich habe ihn heiß geliebt, weil er immer mit mir einverstanden war, was natürlich nicht heißt, daß alles, was ich tat, gut war. Natürlich korrigierte er mich – aber ohne daß da ein böses Wort fiel.

Nur einmal ärgerte er sich, glaube ich, wirklich über mich. Das war bei den Salzburger Festspielen, als ich zum erstenmal unter seiner Leitung die Sopranpartie in Beethovens 9. Sinfonie sang. Da gibt es einige Stellen, vor denen ich mich immer ein wenig fürchte, ganz besonders aber bei „Wo Dein sanfter Flügel weilt". Also, das ist wirklich eine schwere Ecke, wo jeder Sänger Angst bekommt. Wenn ich die Partie im Konzert singe, dann geht das ohne Probleme, weil alles so schnell abläuft. Aber – ich kann die Ode nicht wiederholen, ich weiß ganz genau, daß ich bei einer Wiederholung nicht mehr richtig singe. Und genau das passierte in Salzburg. Auf der letzten Probe hatte ich alles wunderbar gesungen, aber Karl Böhm war noch nicht zufrieden, die Balance zwischen Chor und Orchester stimmte nicht, und alles sollte wiederholt werden. Als dann wieder „Wo Dein sanfter Flügel weilt" kam, markierte ich eben nur! Karl Böhm klopfte ab und fragte richtig böse, wo die Sopranistin gewesen sei. Ich erklärte ihm, daß ich eben das nicht wiederholen könne, aber es nutzte nichts – nach einer Pause mußte ich es dann doch erneut singen. Das Problem mit Wiederholungen tritt übrigens auch bei anderen Partien auf. Zum Beispiel Evas „Oh, Sachs, mein Freund" habe ich immer anstandslos singen können, obwohl es doch sehr dramatisch ist, aber das sich anschließende Quintett ist auch so eine Stelle, die mit Angst verbunden ist, so daß ich mich sehr zusammennehmen muß und eine Wiederholung zur Nervensache wird.

Sehen Sie sich in einer Tradition von Berliner Sängerinnen?

Ich denke schon, denn obwohl ich Spanierin bin, gehört doch meine Karriere zu Berlin. Das ist immer ein Dilemma gewesen, denn ich bin für viele nicht richtig einzuordnen. Wenn ich beispielsweise mit der Deutschen Oper irgendwo gastiere, werde ich als spanische Sängerin bezeichnet, gelte also immer als Ausländerin. Eine Spanierin an der Deutschen Oper Berlin! Aber ich fühle mich ja als deutsche Sängerin, und ich wäre sehr stolz, wenn einmal mein Name in die Reihe der großen Berliner Namen wie Lemnitz, Cebotari und Grümmer eingereiht wird, daß man Pilar Lorengar zu ihnen zählt.

Hat Renata Tebaldi für Sie eine besondere Rolle gespielt?

Ich empfinde eine große Bewunderung für sie und habe in ihr in gewisser Weise ein Vorbild gesehen. Die Schönheit und Linie ihres Gesangs haben mich immer beeindruckt. Bevor ich beispielsweise die Manon sang, habe ich mir die Schallplatten-Gesamtaufnahme der Oper mit der Callas, der Tebaldi und der Petrella genau angehört. Ich habe keine der drei Auffassungen kopiert, sondern ich habe eine Mischung angestrebt. Keine dieser Verkörperungen war für meinen Charakter und meinen Gesangsstil wirklich voll zu übernehmen, aber jede der drei bot Überzeugendes und Nachahmenswertes. Und von der Manon der Tebaldi fühlte ich mich insgesamt am stärksten angesprochen. Als Desdemona hat sie vor allem durch ihre Portamenti einen ganz anderen Gesangsstil gezeigt als ich. Trotzdem stehen sich unsere Auffassungen besonders nahe.

Gibt es jemanden, dem Sie ganz besonders zu Dank verpflichtet sind?

Ja, Carl Ebert, der mich nach Berlin geholt hat. Ihm verdanke ich alles, was ich erreicht habe – und natürlich meinem Publikum, das in dieser langen Zeit mit meinen Leistungen zufrieden war oder sich von mir sogar immer wieder begeistern ließ. Mein größter Wunsch wäre es, eines Tages in einer schönen Rolle auf der Bühne zu stehen und dann genau zu wissen: Heute ist meine letzte Vorstellung! Das Publikum soll mich in guter Erinnerung behalten, und ich will einmal in Würde Abschied von der Bühne nehmen.
Sehen Sie, ich habe in meiner Karriere so viele Sternstunden erlebt, und zu ihnen zähle ich vor allem das Berliner und das Madrider Konzert im Frühjahr, als ich beide Male von meinem Publikum so unvergeßlich gefeiert worden bin. In Berlin hat es einen besonderen Anlaß dafür gegeben, nämlich meine 25jährige Zugehörigkeit zur Städtischen Oper bzw. zur Deutschen Oper Berlin. Und Madrid hat sich verpflichtet gefühlt, auf dieses Berliner Konzert mit einer eigenen Ehrung zu reagieren. Das Teatro Real war für dieses Konzert unter Jesus Lopez Cobos total ausverkauft. Es gab Körbe von Blumen und minutenlange

standing ovations. Ich hätte fast das Programm wiederholen müssen. Daß ich solche Höhepunkte wie in Berlin und Madrid erleben durfte – dafür habe ich meinem Publikum zu danken!

Sie sind sicherlich die einzige Spanierin, die so im deutschen Fach beheimatet ist. Wie erklären Sie sich Ihre Nähe zu solchen Figuren wie Agathe, Eva und Elsa?

Das liegt daran, daß wir Spanier gezwungen sind, besonders flexibel zu sein. Anders als die Italiener, Deutschen und Franzosen etwa besaßen wir keine oder nur sehr wenige Opernhäuser, d. h. wir mußten in andere Länder und uns der dort herrschenden Operntradition und Theaterkultur anpassen.

In meinem Fall kommt hinzu, daß meine Stimme, die ja eine wirkliche Naturstimme ist, nicht extrem und damit festgelegt ist. Sie ist eben weder eine italienische noch eine französische noch eine slawische Stimme – sie ist in dieser Hinsicht nicht definiert, sondern vielseitig. Daher konnte ich auch, als ich nach Deutschland kam und das Repertoire kennenlernte, Partien des deutschen Fachs übernehmen. Im Grunde genommen gibt es ja auch eine Übereinstimmung zwischen all meinen Rollen, sie gehen doch fast alle in eine bestimmte Richtung. Wenn ich das so sagen darf: Ich bin keine hundertprozentige Wagnersängerin, aber auch keine hundertprozentige Italienerin oder Französin. Ich bin eben eine Spanierin, die, glaube ich, eine ganz gute Mischung im Repertoire gefunden hat. Solche Rollen wie Elsa, Eva und Agathe betrachte ich nicht als Ausdruck einer typisch germanischen Art, sondern ich komme dabei vom rein Musikalischen her. Es sind einfach Partien, die ich mit meiner Stimme und aus meiner Musikalität heraus singen kann. Noch heute könnte ich Ihnen nicht präzis angeben, was nun Elsas Wesen wirklich ausmacht. Ich gehöre nicht zu den Sängern, die mit einer festen, detaillierten Vorstellung von der Figur auf die Probe kommen. Zwar informiere ich mich vorher über die historischen Hintergründe und lese die Sekundärliteratur, aber dann auf der Bühne, da gehe ich von der Musik aus, davon, wie sich das Orchester und meine Stimme verbinden. Alles andere muß mir der Regisseur erklären. Ich setze diese Anweisungen um, und aus der Synthese mit der Musik kommt dann der innere Ausdruck. Ich meine, letzten Endes habe ich eine Nähe zu dem, was man als die Deutsche Romantik bezeichnet. Von daher spüre ich die romantischen Züge in den Frauengestalten immer auf. So begreife ich die Eva als romantische Rolle und habe natürlich dann Schwierigkeiten mit einer Interpretation, wie sie Wieland Wagner entwickelt hat.

Neben Eva und Elsa hätte ich gerne die Elisabeth aus dem „Tannhäuser" gesungen. Die Rolle ist nicht besonders umfangreich, und die beiden Arien habe ich auch schon oft in Konzerten vorgetragen, aber ich bin immer wieder vor einer Aufführung zurückgeschreckt, weil ich glaube, daß die Partie zu dramatisch für meine Stimme ist.

Haben Sie als sozusagen vermittelnde Spanierin das Ziel, den italienischen mit dem deutschen Gesangsstil zu verbinden?

Ich denke, letzten Endes schon. Wenn ich z. B. Puccini singe, dann nicht in der italienischen Manier, sondern schlanker und nur mit wenigen Portamenti. Manchmal glaube ich, man sollte ihn wie Mozart oder Wagner singen.

Und was andererseits Mozart angeht, so muß ich immer daran denken, was mein Musiklehrer in Glyndebourne, Janni Strasser, in meinen Klavierauszug der „Zauberflöte" zu „Ach, ich fühl's" als Anweisung geschrieben hat: con grande espressione! Dabei habe ich anfangs Mozart immer ein wenig in der Art von Elisabeth Schwarzkopf gesungen, d. h.

mit dieser Linie und diesem Stehen, wie es das nur in der deutschen oder österreichischen Schule gibt. Aber später habe ich gelernt, was mein Lehrer in Glyndebourne eben schon wußte, nämlich daß man Mozart ungeheuer expressiv singen kann. Natürlich muß das immer mit Geschmack geschehen. Also ein Mozart mit sehr viel Gefühl und voll ausgesungen! Das ist heute meine Devise. Ich versuche dabei selbstverständlich immer stilvoll zu singen, aber nicht im Sinne von sterilem Purismus. Als ich in Berlin erstmals die Fiordiligi verkörperte, traute ich mich einfach noch nicht, mich voll auszugeben, und ich verfehlte damit die Fiordiligi. Ich brauchte Zeit, um meine eigene Mozart-Auffassung zu entfalten. Und heute singe ich die Fiordiligi ganz frei und voller Ausdruck mit einer technischen Gesangslinie, die es mir erlaubt, die beiden Arien sicher zu gestalten. Jetzt singe ich wirklich, und ich glaube, ich darf mich stimmlich ausgeben, weil mein Timbre niemals vulgär klingt.

Die Fiordiligi ist sicherlich eine Ihrer Glanzpartien.

Es ist eine Rolle, für deren volles Ausschöpfen man eine lange Zeit braucht. Ja, ich glaube fast, daß man erst am Ende einer Karriere diese Partie wirklich begreift. Als ich nach Deutschland kam, war Mozart für mich etwas Unerreichbares, und ich glaubte nicht, daß ich jemals eine Mozartsängerin werden würde. Ich fing dann auch als Pamina, Gräfin usw. ängstlich an, sang eigentlich immer nur mit meiner halben Ausdruckskraft. Ich hatte Angst, etwas falsch zu machen, schließlich sang ich in Deutschland oder in Glyndebourne, also vor einem Publikum, dem Mozart und der traditionelle Mozartgesang noch mehr bedeuten als selbst den Österreichern! Erst in der Arbeit mit John Copley und Georg Solti in der Londoner „Così"-Produktion verlor ich meine Hemmungen und fing an, die Fiordiligi auszusingen und die Rolle tiefer zu erfassen.

In den deutschen Aufführungen wurde die Fiordiligi am Anfang fast wie eine Nonne gespielt, und auch im weiteren Handlungsverlauf mußte man sich stets zurücknehmen. Diese Zurückhaltung fand ich aber immer schon langweilig. Nach meiner Meinung sprechen aus Fiordiligi die gleiche Lust und Freude wie aus Dorabella, nur daß sie eben ernster veranlagt ist und alles sehr viel ernster nimmt. Sie verliebt sich tatsächlich, und damit fängt das größte Drama ihres Lebens an. Ein Drama, bei dem es wirklich kein Ende gibt. Also für mich handelt es sich eindeutig um eine dramatische Rolle. Und das habe ich in den Inszenierungen seit Covent Garden auch deutlich herausgestellt.

Und ich meine, wenn ich auch jetzt das ganze Drama singe und die Stimme voll entfalte, so wird man doch nicht sagen können, daß meine Stimme für eine Fiordiligi zu dramatisch klingt. Sehen Sie, die „Come scoglio"-Arie ist doch wirklich eine dramatische Arie, geht ja fast schon ein bißchen in den Bereich der Übertreibung, und das verlangt doch einfach Stimme. Ich kann Einwände, die Stimme der Lorengar sei doch für die Fiordiligi zu dramatisch, also gar nicht akzeptieren.

Die Donna Elvira haben Sie in Berlin mit zwei großen Regisseuren gearbeitet, nämlich mit Carl Ebert und Rudolf Noelte.

Und von beiden habe ich auch profitiert, wenn auch bei Noelte die Figur ein bißchen unprofiliert geblieben ist. Aber seitdem habe ich mich doch ständig mit dieser Rolle beschäftigt, denn ich singe sie gerne, obwohl Elvira vom Publikum nicht verstanden und nicht sonderlich gemocht wird. Man sieht sie als eine zweitklassige Partie an, trotz ihres Schwierigkeitsgrades.

Meist wird Donna Elvira ja als eine lächerliche Figur dargestellt – und das kann ich eben nicht mehr ertragen. Ich versuche mit Emotion und Dramatik zu singen und statte diese

Frau mit soviel Würde wie nur möglich aus. Natürlich enthält das Libretto, was Elvira angeht, viel Unglaubwürdiges, aber man muß sozusagen da Ponte zum Trotz und ganz im Geist der Musik die Figur glaubwürdig, realistisch gestalten. Das heißt, ich versuche die Eifersucht Elviras herauszuarbeiten, aber – wie gesagt – auch ihre Würde und Größe. Kürzlich wurde mir berichtet, ein ehemaliger Sänger, der jetzt Regie führt, wolle Elvira als Schwangere auf die Bühne bringen und ihr Rachebedürfnis und das Verfolgen Don Giovannis mit dieser Schwangerschaft und der verlorenen Ehre erklären. Tausend Regisseure, tausend Interpretationen! Ich meine nur, man muß darauf achten, daß Mozarts Musik nicht der Regie widerspricht! Nehmen Sie zum Beispiel die „Figaro"-Gräfin! In Carl Eberts Inszenierung handelt es sich um eine wirkliche Dame, die aus Eifersucht leiden muß. Andere Regisseure zeichnen sie als eine frustrierte Frau, die im Grunde genommen nur ihre Lust ausleben möchte, also die gleichen Rechte wie ihr Mann beansprucht. Natürlich ist die Gräfin enttäuscht, aber man kann doch ihre Frustration nicht so begründen. Mozart hat einfach eine andere Musik geschrieben! Über die darf und kann man nicht hinwegszenieren. Die „Figaro"-Gräfin verlangt von Mozarts Musik her eine seriöse Darstellung. Und selbst ein Großer wie Jean Vilar, unter dessen Regie ich die Gräfin an der Mailänder Scala verkörpert habe, scheitert katastrophal, wenn er gegen den Geist von Mozarts Musik verstößt.

Welche Mozart-Partie steht Ihnen im Augenblick am nächsten?

Zur Pamina habe ich jetzt einen großen Abstand, obwohl es einst meine Lieblingsrolle gewesen ist und ich mit ihr den internationalen Durchbruch geschafft habe. Heute liegt mir die Fiordiligi am meisten. Man sagt ja, daß es eine der schwersten Rollen in der Musikliteratur sei, aber man kann alle Stimmungen zeigen, die eine Frau hat. Und eine solche Möglichkeit ist etwas Wunderbares.

Als die extremen Pole in Ihrem Repertoire sehe ich die Jenufa und die Tosca an.

Jenufa ist eine wunderbare Rolle, ich liebe sie wirklich sehr, aber ich habe sie nicht so häufig gesungen, daß sie sich zu meiner Lieblingspartie hätte entwickeln können. In einer solchen Rolle kann ich vor innerer Bewegung buchstäblich zugrundegehen. Bei einer Aufführung glaubte ich meine Stimme zu verlieren, so gepackt war ich von den Emotionen. Als Jenufa muß sich eine Sängerin voll und ganz geben, und Herlischka hat in seiner grandiosen Inszenierung auch die Figur voll ausgelotet. Im Grunde genommen ist es kein komplizierter Charakter, sondern nur eine Frau mit ungeheuren Problemen. Und ich glaube, ich kann diese Rolle auch deshalb so gut interpretieren, weil zwischen Spanierinnen und Slawinnen von den innersten Gefühlen her bestimmte Ähnlichkeiten bestehen.
Über die Tosca haben wir ja schon gesprochen. Die übliche Art, Tosca als Primadonna darzustellen, hat mir nie zugesagt. Ich weiß natürlich, daß diese Figur von Sardou, Illica und Giacosa durchaus vor dem Hintergrund der goldenen Zeit der Oper, der Epoche der großen Primadonnen, konzipiert worden ist. Aber diese Ära der Primadonnen ist Vergangenheit, und eine Tosca muß meiner Meinung nach heutzutage anders realisiert werden. Birgit Nilsson ist vielleicht die letzte wirkliche Primadonna-Tosca. Ich sehe in Tosca eine tief liebende Frau, die von Eifersucht gequält wird. Ihr Beruf bedeutet für mich nur, daß sie eben engagiert worden ist, vor den Herrschern, sagen wir vor dem damaligen Duce, aufzutreten und zu singen. Charakter und Verhalten Toscas aber erklären sich aus diesem Beruf durchaus nicht. Tosca gestalte ich also nicht als Primadonna, sondern als Liebende, die aus ihrem Gefühl zu Cavaradossi und aus der damit einhergehenden Eifersucht heraus

zu allem fähig wird. Und ich glaube, daß von einem solchen Verständnis her das Zeitlose, das Allgemein-Menschliche dieser Figur zutage tritt. Es gibt sicherlich unzählige solcher Frauen, und die Primadonna ist nur Zutat oder Kostüm.

Nun ist diese Partie für einen Spinto ungewöhnlich und sicherlich der stimmliche Grenzfall bei Puccini?

Sicherlich enthält die Tosca solche dramatische Anforderungen, solche heiklen Passagen, daß meine Stimme leiden würde, wenn ich die Partie zu häufig sänge. Aber ich komme ohne den Gedanken an stimmliche Zurückhaltung auf die Bühne, sondern kämpfe wie ein Stier, oder anders gesagt: Ich kämpfe mit offenem Visier. Und selbstverständlich lasse ich keinen einzigen Ton der Partie aus!

Maria Callas soll einmal gesagt haben, Puccini zu singen sei einfach langweilig.

Das würde mich sehr wundern, wenn eine so große Musikerin das wirklich gesagt hätte. Also ich kann nur das Gegenteil behaupten. Ich glaube, ich bin für Puccini prädestiniert und bin auch überzeugt, daß man ihn so schön und gut wie Mozart singen kann und muß. Nehmen Sie als Beispiel nur „Madame Butterfly". Die Partie ist von den Anforderungen und vom Umfang her nur mit einer Isolde zu vergleichen, wahrscheinlich hat die Butterfly sogar noch mehr zu singen als die Isolde! Und trotzdem wird dieser Puccini immer nur mit der linken Hand gemacht. Dirigent und Orchester wollen nicht intensiv proben, weil Puccini angeblich Musik zweiter Klasse geschrieben hat, die man eben auch ohne Proben spielen kann. Aber das Ergebnis fällt dann entsprechend aus! Puccini ist doch ein großartiger Komponist, und man muß ihn absolut ernst nehmen. In letzter Zeit hat sich die Einstellung zu ihm zwar schon geändert, aber da gibt es noch viel zu tun! Puccinis Musik verlangt Enormes von den Sängern und ist eben durchaus nicht trivial. Man darf doch melodiös nicht mit simpel verwechseln! Schauen Sie sich beispielsweise mal nur die Mimi im 3. Akt an, was da an Volumen, an weitgespannten Bögen erwartet wird! Dazu braucht man die entsprechende Stimme und Technik. Und nur wenige Sänger können Puccini richtig singen. Die meisten werden seiner Musik nicht gerecht.

Puccinis Figuren verlangen nach Ehrlichkeit und Echtheit. Und das habe ich ihnen – glaube ich – immer gegeben. Ich identifiziere mich jedesmal mit Tosca, Manon oder Mimi. Wenn ich vor der Aufführung in meiner Garderobe bin, darf mich niemand stören. Ich kann nicht ohne Vorbereitung und Einstimmung auf die Bühne gehen. Wenn ich dann mein Kostüm anziehe, schlüpfe ich auch in die Rolle hinein. Ist die Partie sehr anstrengend, erfordert Kraft und Steigerungsvermögen, sozusagen eine sportliche Höchstleistung, dann kostet es mich manchmal schon ein bißchen Überwindung, auf die Bühne zu gehen. Aber dann, wenn ich auftrete und die ersten Takte der Musik höre, werde ich wie von einem Rausch erfaßt. Ich kann den Zustand nicht erklären, aber ich weiß, daß er eintreten muß und daß die Musik das Wichtige ist. In der Garderobe zum Beispiel muß immer der Lautsprecher laufen, ich höre jede Vorstellung mit. Die Musik darf einfach nie aufhören.

Wenn Sie Puccini mit Verdi vergleichen ...

... dann muß ich sagen, daß Puccini für mich leichter zu singen ist, obwohl ich nicht genau weiß, warum sich das so verhält. Ich brauche wohl Partien mit großem Bogen, mit Linie, während ich schon als junge Sängerin die bloß auf das rein Mechanische, die Geläufigkeit zielenden Koloraturen nicht mochte. Mit Ausnahme der Violetta, die ich häufig und gern gesungen habe, habe ich zum frühen Verdi keine innige Beziehung entwickelt. Aber die Desdemona und die Elisabeth sind natürlich Rollen, die meinem Geschmack und Stil entsprechen und die zu singen ein großes Glück bedeutet. Die Alice Ford stellt sozusagen den Gegenpol zu diesen beiden Partien dar, und ich habe diese heitere, launige Rolle immer genossen, weil sie sozusagen einen Ausgleich bietet. Ich darf auch einmal meine komödiantischen Möglichkeiten zeigen. Zwar enthält die Partie keine große Einzelarie, aber man agiert in einem Ensemble wirklich Gleichberechtigter, und so stellt sich eine herrliche Spiellaune ein.

Wie ist denn Ihr Repertoire zustande gekommen?

Es hat sich organisch entwickelt. Ich habe mich immer an meinen Instinkt gehalten und bin langsam, Schritt für Schritt in die Partien hineingewachsen. Die Mimi habe ich beispielsweise in Spanien in vielen Vorstellungen, die eher ein bißchen improvisiert wurden, erst ausprobiert. Sehen Sie, ich suche sehr sorgfältig aus, und nur solche Sachen, die meiner Stimme hundertprozentig liegen, nehme ich an. Das, was meiner Stimme auch nur im geringsten schaden könnte, lehne ich ab, auch wenn z. B., wie es gerade der Fall gewesen ist, noch Schallplattenaufnahme und Verfilmung der Produktion im Angebot enthalten sind. Hinzu kommt, daß ich auch ein bißchen faul bin. Ich lerne zwar gerne neue Partien, aber nur, wenn die Rolle mir Spaß macht, wenn ich sicher sein kann, daß die Partie mir liegt.

Beispielsweise hatte man mir zur Eröffnung der Deutschen Oper Berlin als einzige Premiere die Titelpartie in Klebes „Alkmene" angeboten. Ich hatte angefangen, mich mit Hertha Klust systematisch für den Probenbeginn vorzubereiten, und Prof. Hollreiser und G. R. Sellner waren auch begeistert, als ich den ersten Akt vorsang, aber ich habe dann zu ihnen gesagt: „Dieser erste Akt ist auch mein letzter, ich werde diese Partie nicht singen und wollte Ihnen heute bloß beweisen, daß ich gearbeitet habe. Ich weiß, Sie haben es gut mit mir gemeint, aber die Alkmene ist keine Partie für mich." Und als Sellner erschrocken frage, ob das denn bedeute, daß ich keine moderne Musik sänge, habe ich – vielleicht ein bißchen überheblich – geantwortet: „Ja, solange ich Stimme habe, werde ich keine modernen Sachen singen." Sehen Sie, Manuel de Fallas „Atlantida", das ist noch wirklich für Gesang komponiert, aber die moderne Musik mit den riesigen Sprüngen stellt sich für mich eher als eine mathematische Aufgabe dar. Ich bewundere all die Kollegen, die das machen.

Mit der Rückgabe der Alkmene fiel ich für das gesamte Eröffnungsprogramm aus. Aber Sie wissen ja, daß dann doch alles anders gekommen ist und es auch in dieser Hinsicht richtig gewesen ist, den Klebe nicht zu übernehmen. Für die Donna Elvira und die Eurydike hatte die Oper eine Sängerin aus Wien engagiert, aber die Verpflichtungen klappten irgendwie nicht, und Ferenc Fricsay, unter dessen Leitung ich gerade in Salzburg im „Idomeneo" sang, fragte mich, ob ich nicht die Elvira für die Eröffnungsvorstellung studieren wolle. Und dazu habe ich obendrein noch die Eurydike übernommen, sang also schließlich sogar zweimal im Eröffnungszyklus!

Gibt es eine Partie, die Sie versäumt haben?

Ich bin mir und meinem Publikum Richard Strauss schuldig geblieben, sieht man von dem Kuriosum ab, daß ich in Glyndebourne das Echo in der „Ariadne" gesungen habe. Irgendwie habe ich die Chance verpaßt. In Berlin hat man mir am Anfang angeboten, die Sophie als zweite Besetzung für eine Neueinstudierung des „Rosenkavaliers" zu übernehmen. Das wäre für mich damals eine wunderschöne Rolle gewesen, aber ich verlor dann plötzlich das Interesse an dieser Partie, so daß es nicht zu einem Einstieg in das Strauss-Repertoire kam. Heute bedaure ich diese Entwicklung sehr. In späteren Jahren bin ich für zwei „Rosenkavalier"-Einstudierungen als Marschallin vorgesehen gewesen, und jedesmal habe ich aus Angst oder übertriebener Selbstkritik abgesagt. Die Sprache Hofmannsthals hat mich einfach zurückschrecken lassen. Glauben Sie mir, ich trauere dieser herrlichen Partie bis heute nach!

Alles andere ist kein schmerzliches Versäumnis, sondern da handelt es sich eben um unerfüllbare Wünsche. Wenn meine Stimme dafür reichen würde, hätte ich gerne eine Isolde gesungen, weil ich glaube, daß mir diese Rolle von ihrer Gefühlswelt her liegt. Ansonsten aber, immer wieder Strauss! Die Chrysothemis oder die „Capriccio"-Gräfin, das sind Partien, die vielleicht auch noch in Frage gekommen wären.

Glucks Iphigenie interessiert mich beispielsweise erst jetzt, nachdem ich die Rolle für die Schallplatte studiert habe.

Hätte ich meiner Stimme mehr zugetraut, wäre vielleicht auch die Konstanze eine schöne Rolle für mich gewesen. In den früheren Jahren hätte ich das, glaube ich, durchaus bewältigen können, weil der Grundzug der Rolle doch ein lyrischer ist und eigentlich nur wenige Stellen sehr hoch notiert sind. Aber mir hat eben immer wieder, ob Sie es glauben oder nicht, der notwendige Mut für solche Risiken gefehlt. In bin einfach eine ängstliche Sängerin und fürchte mich vor Blamagen. Sie werden es nicht für möglich halten, aber ich suche mir in jeder Partie eine Ecke aus, wo ich glaube, fürchterlich leiden zu müssen.

Sie haben in Deutschland nur sehr selten Liederabende gegeben.

Auch das erklärt sich aus meiner Angst. Wenn ich von einem Orchester begleitet werde, ist alles in Ordnung, aber bin ich nur mit dem Pianisten für den Abend verantwortlich, dann bekomme ich eben Angst. In Deutschland und speziell in Berlin glaube ich immer an Liedgestaltern wie Fischer-Dieskau gemessen zu werden, und einem solchen Vergleich fühle ich mich nicht gewachsen. Ich singe wirklich gerne die Lieder von Wolf, Brahms, Schumann und Schubert. Aber ich fürchte mich vor dem Vorwurf der Kritik, ich hätte als Spanierin eben nicht den Geist des Textes in allen Nuancen aufgespürt, nicht den richtigen Ausdruck gefunden. Sehen Sie, davor will ich mich schützen. Ich weiß, wie verletzt ich war, als ein Kritiker bei meinem Liederabend im Rahmen der Berliner Festwochen schrieb, die Textbehandlung habe zu wünschen übrig gelassen.

Natürlich könnte ich auch Abende mit nur spanischen Liedern geben, aber dafür fehlt es in Deutschland an seriösen Angeboten. Hier gelte ich eben in erster Linie als Opernsängerin, und so gebe ich überwiegend im Ausland Liederabende.

Auch beim Lied läßt sich die Entwicklung zu einer größeren Bewußtheit und Freiheit aufzeigen, wie wir sie schon bei meiner Opernarbeit feststellten. Am Anfang habe ich mich ein bißchen an der Liedgestaltung von Elisabeth Schwarzkopf orientiert, an ihrem Gesangsstil und ihrer Mimik. Ich habe lange gebraucht, mich davon zu lösen und den Mut zu finden, auch beim Lied mit vollem Ausdruck zu singen, d.h. zum Beispiel wirklich Traurigkeit zu empfinden und darzustellen, wenn es sich um einen traurigen Text handelt. Bei meinem letzten Liederabend in Barcelona – und das ist eine, was Liederabende angeht, wirklich sehr verwöhnte Stadt, denn die größten Liedinterpreten treten dort regelmäßig auf – da hat die Kritik eben ganz besonders meinen Ausdruck gelobt. Ich glaube, ich habe auf diesem Gebiet vieles gelernt und freue mich schon auf meine nächsten Liederabende.

Frau Lorengar, was heißt es für Sie, auf einer Bühne zu stehen und vor Publikum zu singen?

Wenn ich auf der Bühne stehe, dann vergesse ich manchmal das Publikum. Wenn Sie mich fragen würden, was ich während einer Aufführung gefühlt und gesehen habe, dann könnte ich Ihnen zuweilen keine Antwort geben. Es gibt Abende oder doch Momente, da werde ich von einem Sog erfaßt und vergesse mich völlig, weil ich ganz in der Gestalt aufgehe und nur noch für die Aufführung existiere. Manchmal allerdings spürt man auch das Gefühl, daß man über dem Publikum steht und eine bestimmte Kraft ausstrahlt. Die Menschen hören ganz aufmerksam zu und lassen sich ergreifen. Ich kann also mit meiner Kunst Menschen aus ihren Gedanken und ihrem Alltag herausholen und beeinflussen. Aber solche Momente der Wahrnehmung sind eben gepaart mit Phasen völligen Vergessens, wo der Zuschauerraum verschwindet. Dann stehe ich da und höre nichts als eine tiefe Stille, die aus der Beherrschung dieser Menschen erwächst. Es klingt unwahrscheinlich, und ich kann es nur schwer erklären, aber im Grunde beherrschen Sie von der Bühne herab alle.

Was bedeutet Singen für Sie?
Immer noch fast alles! Ich kann mir mein Leben ohne den Gesang nicht vorstellen. Wenn ich zurückschaue, so bin ich mir ganz sicher, daß ich wirklich singen mußte. Gott hat mir eine Stimme gegeben und mich durch sie ein ganzes Leben beglückt. Ich verdanke alles meiner Stimme.

Können Sie sich vorstellen, eines Tages ein Leben ohne Singen zu führen?
Wissen Sie, ich bin ein ganz realistisch und positiv eingestellter Mensch. Ich will Ihnen zur Beantwortung ein kleines Geheimnis verraten: Wenn ich heute drei, vier Wochen lang keinen Ton singe, dann kostet es mich eine ungeheure Überwindung, wieder anzufangen. Noch will ich immer wieder anfangen und begeistere mich jedesmal aufs Neue. Aber es hat schon Momente gegeben, in denen ich die Lust am Singen verloren hatte. Bis jetzt heißt es also Dacapo, und wenn die Stimme wieder da ist, dann kommt auch der alte Rausch wieder!

(Das Gespräch wurde im April 1984 geführt)

PILAR LORENGAR

Skizzen zu einem Portrait

I

Pilar Lorengar nimmt unter den großen Sängerinnen dieser Zeit in mehrfacher Hinsicht eine Sonderstellung ein.

So steht ihr Name für eine einzigartige und vollkommene Verbindung von deutschem und italienischem Fach und Stil, genießt sie nicht nur als Interpretin Verdis und Puccinis, sondern auch als Mozart- und Wagnersängerin hohes internationales Renommee. Der so von Mozart-Verehrern, Belcanto-Freunden und Wagnerianern gleichermaßen für sich beanspruchten und bewunderten Sängerin, in der man entweder eine Spanierin aus Berlin oder die Berlinerin aus Spanien sieht, steht natürlich, was Ruhm und Leistungen angeht, der Titel einer Primadonna zu. Aber mit diesem Begriff ist der Rang Pilar Lorengars nicht adäquat zu erfassen. Starallüren sind ihr fremd; ihr geht es darum, dem Werk und seiner Aufführung zu dienen. Nie spielt sie sich, die Balance einer Inszenierung zerstörend, in den Vordergrund. Sie mißbraucht die Opernbühne nicht als Rampe zur Selbstdarstellung, sondern fügt sich immer in das musikalische und szenische Geschehen ein. Gleichgültig, ob sie als Partnerin prominenter Kollegen oder in einer mit Hauskräften besetzten Repertoire-Aufführung zu erleben ist, nie wird sie sich über die Wahrheit der Rolle und den Geist der Produktion hinwegsetzen, so wie sie sich von bloßen Spitzentonproduzenten nicht zum funktionslosen vokalen Effekt verleiten läßt.

Ihre fast preußisch zu nennende Disziplin führt bis zu einem Perfektionsdrang, bis zur Detailbesessenheit. Daß große Opernabende nicht nur aus der Hingabe des Künstlers an die Figur und ihre Musik erwachsen, sondern auch perfekte Vorbereitung, intensive Probenarbeit bis hin zur Kontrolle der wichtigen Requisiten verlangen, ist Pilar Lorengar eine Selbstverständlichkeit.

II

Pilar Lorengars Ausnahmestellung liegt auch darin begründet, daß sie in einem Ensemble eine bleibende künstlerische Heimat gefunden hat und dort kontinuierlich und häufig auftritt. So ist sie in erster Linie Mitglied der Deutschen Oper Berlin. Seit 25 Jahren singt sie in dieser Stadt, und mehr als zwanzig Premieren hat sie in dieser Zeit übernommen. Als die Engagements an die Mailänder Scala, nach Covent Garden kamen, als Pilar Lorengar Mitglied der Metropolitan Opera New York und des San Francisco Opera House oder der Wiener Staatsoper wurde, da hat sie die Verträge mit der Deutschen Oper Berlin nicht gelöst oder die Verpflichtungen eingeschränkt, sondern blieb ihrem Stammhaus unvermindert eng verbunden.

Diese Treue resultiert nicht aus Berlin-Sentimentalität. Sie erklärt sich aus dem Wissen um die Notwendigkeit einer kontinuierlichen Arbeit in einem Ensemble. Pilar Lorengar hat in Berlin unter Carl Ebert und seinen Nachfolgern ein Team angetroffen, das szenisch und musikalisch in bestimmter Weise und von bestimmten Persönlichkeiten geprägt worden ist, ein wirkliches Ensemble also im Sinne eines für alle gültigen Geistes und Stils. In diesem Haus hat die junge Spanierin sich künstlerisch entwickelt, ihr Repertoire ausgebaut und den entscheidenden Schritt von der bloßen Stimmbesitzerin zur Sängerin getan.

Anstatt mit einigen Paraderollen kurze Gastspiele in aller Welt zu geben, hat Pilar Lorengar sich entschieden, an anderen Häusern nur dann aufzutreten, wenn sie die Inszenierung wirklich gut kennenlernen kann. Einmaligem und damit letztlich folgenlosem Auftreten an einem fremden Haus zieht sie die kontinuierliche Arbeit am Ort vor. Wo andere Sterne für einen Moment glänzen und blenden, da hat sie die schwerere, aber auch lohnendere Aufgabe übernommen, ihr Publikum immer wieder aufs neue zu erobern und es in einer Vielzahl von Rollen über Jahrzehnte hinweg zu begeistern. Sie läßt sich in ihren Leistungen sozusagen vom Publikum kontrollieren, läßt sich an dem Maßstab messen, den sie selbst gesetzt hat. Für sie gibt es daher keine Routine im Sinne bloßer Repetition von Gewohntem. Vielmehr vermittelt diese Künstlerin bei ihren Auftritten das Erlebnis von perfekter Vorbereitung, vollem Einsatz und künstlerischer Weiterentwicklung. Wer sie in ihren großen Rollen über einen längeren Zeitraum erlebt hat, weiß um ihre Fähigkeit, neue Facetten in der Verkörperung ihrer Figuren, neue musikalische Nuancierungen zu finden. Kunst wird so als unabgeschlossener Schaffensprozeß verstanden, als Bereitschaft, Vollkommenheit anzustreben.

Das Publikum hat Pilar Lorengar eine Fülle von Sternstunden zu verdanken. Solche Abende sind natürlich eher möglich, wenn die Künstlerin auf der Bühne von ebenso inspirierten und damit inspirierenden Partnern umgeben ist, aber auch im Repertoire-Alltag läßt sie sich nie aufs Niveau lähmenden Mittelmaßes herabziehen, auch da garantiert ihr Name das Außerordentliche. Nie hat Pilar Lorengar dem Publikum eine Leistung gezeigt, die sie vor ihrem Gewissen nicht hätte verantworten können. Selbst die kleinen üblichen verzeihbaren Erleichterungen und Auslassungen hat sie nicht in Anspruch genommen.

Zwei Begriffe Pilar Lorengars charakterisieren ihr künstliches Ethos und erklären, warum es ihr unmöglich ist, etwas vorzutäuschen oder nur halbherzig anzugehen: es sind dies die bezeichnenderweise aus dem Mund einer Primadonna ungewöhnlich und altmodisch klingenden Begriffe der „Würde" und der „Scham". Für aufgesetzte Attitüden und leere Gesten, die dem Publikum vorenthalten, worauf es Anspruch hat, ist diese Künstlerin nicht zu gewinnen.

III

Diese heute so seltenen Tugenden haben konsequenterweise dazu geführt, daß Pilar Lorengar nur Partien übernimmt, die sie verantworten zu können glaubt. Nicht nur die Sorge, ihrer Stimme durch Überschreiten der Fachgrenzen schaden zu können, hat sie vor bestimmten Verdi-, Wagner- und den Strauss-Partien zurückschrecken lassen, sondern eben auch die innere Verpflichtung, sich auf die Figur einzulassen, sich identifizieren zu können. Jedes Geschöpf, das Pilar Lorengar schließlich nach langen, skrupulösen Erwägungen in ihr Repertoire aufnimmt, vermittelt vom Musikalischen und Szenischen her dem Publikum den Eindruck von Wahrhaftigkeit. Da Pilar Lorengar an die Existenz der von ihr durch Musik und Spiel zu verlebendigenden Geschöpfe glaubt, adelt sie jede Bühnenfigur zu einer glaubwürdigen Existenz. Dabei gelingt es ihr stets, den Eindruck der Distanzlosigkeit, die zu einem Zuviel führt, zu verhindern. Das Gleichgewicht von Identifizierung und bewußtem, kalkuliertem Einsatz der Mittel bleibt immer gewahrt. Vor dem unkontrollierten emotionalen Überschwang, der Kitsch entstehen läßt, ist Pilar Lorengar gefeit durch Lernbereitschaft, ein waches Gespür für das Zentrum einer Figur und das Wissen um die Gesetze des Musiktheaters.

Sicherlich hat die von ihr als entscheidend bewertete Begegnung mit Carl Ebert in Glyndebourne schon früh eine Offenheit gegenüber einer Regie begründet, der es darum zu tun ist, die szenische Entsprechung für die als unantastbar zu betrachtende Partitur zu finden. Wer von der Musik ausgehend Regie führt, der findet in Pilar Lorengar eine Künstlerin, die bereit ist, sich aufgeschlossen auf Regietheater einzulassen. Gerade in den Inszenierungen, die über ein bloßes konventionelles Arrangement hinausgehen, zeigt sich der künstlerische Rang Pilar Lorengars am herrlichsten.

IV

Daß Pilar Lorengar klug und geduldig ihr Repertoire auf- und ausgebaut und die Zahl ihrer Auftritte beschränkt hat – das hat zu einer mit mehr als 30 Jahren ungewöhnlich langen Karriere als lyrischer Sopran geführt. In diesen Jahrzehnten hat die Sängerin es verstanden, den unverwechselbaren Zauber ihrer Stimme ungeschmälert zu bewahren. Nach wie vor kann sie über eine der schönsten Stimmen dieser Zeit verfügen und sie problemlos in den Dienst eines vertieften Gestaltungswillens stellen.

Was macht nun das Spezifische dieser Stimme aus? Sicherlich ist es das Vibrato, das ihr das unverwechselbare Timbre verleiht, sie lyrisch-weich, warm und beseelt klingen läßt und der Höhe eine eigenartig changierende Leuchtkraft gibt. Die Stimme klingt innig und rein, vermag aber ebenso sinnlich-nervös zu pulsieren; sie wirkt elegisch grundiert und kann doch jederzeit in strahlendsten Glanz hinüberspielen. Dieses Timbre erlaubt es, die melancholisch-leidenden Züge der Bühnengeschöpfe ebenso treffend vom Stimmklang her zu gestalten wie die Augenblicke ungetrübten Glücks oder gelöster Heiterkeit. Elsas träumerisch-visionäre Entrückung und Desdemonas mädchenhafte, opferbereite Reinheit drückt die Stimme ebenso glaubhaft aus wie das unterdrückte Lodern einer Elisabetta oder das Verlöschen der Puccini-Kreaturen.

Das herrliche Material hat eine vorbildliche Schulung erfahren und wird souverän gehandhabt. Es zeichnet sich aus durch vollendete Registerwechsel, ausgeglichene Resonanz und Rundung, besonders der nie forciert wirkenden Spitzentöne.

Zu der schlanken Stimmführung, der sicheren Intonationsreinheit und natürlichen Phrasierung, dem Sinn für Linie kommt eine minutiöse Befolgung der Notation hinsichtlich Rhythmik, Metrik und Dynamik. Daß die meisterhafte Fähigkeit vorhanden ist, eine Szene oder Arie zu strukturieren und den Dialog mit den Orchesterstimmen intensiv zu führen, zeigt ihre bezwingende Gestaltung der Briefszene Tatjanas ebenso wie die „Come scoglio"-Arie, die mit ihren horrenden Schwierigkeiten, z. B. den Anforderungen, das hohe C ebenso sicher zur Verfügung zu haben wie die tiefe Mezzolage, einen wirklichen Prüfstein für eine Sängerin darstellt. Zu denken wäre auch an das Konzertieren Fiordiligis mit den Hörnern in der 2. Arie oder an Donna Elviras Barockarien und Agathes Szene im 2. Akt. Souverän gestaltet Pilar Lorengar diese Webersche Mischung von Rezitativ, Lied, Arioso und Arie.

Die vokale Kunstfertigkeit dient aber nur als Mittel intensiven Seelenausdrucks. Man darf sich wohl nicht scheuen, das Spezifische des Lorengar-Stimmglanzes mit dieser Vokabel zu bezeichnen. Hier zeigt eine Stimme Seele, werden Gefühle sozusagen hörbar. In jeder Phrase verströmt diese Stimme Innigkeit, drückt sich die ganze psychische, emotionale Spannweite der Feminité aus, um einen Begriff der Sängerin selbst zu übernehmen. Alles, was Pilar Lorengar singt, wird beseelt, wird Ausdruck der Künstlerin selbst, und der Hörer spürt hinter der Reinheit des Singens die Reinheit des Herzens.

V

Diese Identität von Stimme und Seele erfordert es, daß man Pilar Lorengar nicht nur hört, sondern auch sieht. So bedeutend viele ihrer Schallplattenaufnahmen auch sind, um den Zauber, der von dieser Sängerin ausgeht, fühlen und erfassen zu können, bedarf es der Begegnung mit der Bühnenkünstlerin. Bei ihrem Debut an Covent Garden sprach die englische Presse von „Opera's Most Beautiful Girl" und stellte die Frage: „Can her voice equal her beauty?" In der Tat ist Pilar Lorengar eine viel gerühmte und bewunderte Schönheit, eine blendende Bühnenerscheinung. Und es ist durchaus verständlich, daß der spanische Film sie für mehrere Produktionen engagiert hat. Bis zum heutigen Tage ist um sie die Aura der Jugend, vermag sie Mädchengestalten glaubhaft zu verkörpern.

Als sie endlich in der Berliner „Carmen"-Inszenierung von Peter Beauvais die Partie der Micaëla übernahm, da wurde wieder einmal deutlich, daß jugendlicher Glanz in Stimme und Erscheinung keine Sache des Geburtsscheines ist.

Zu der Harmonie von Stimme und Erscheinung kommt die Darstellungskunst Pilar Lorengars. Obwohl sie nie Schauspielunterricht genossen hat, erweist sie sich als große Gestalterin von Mädchen- und Frauenschicksalen. Die Gebärde der Tragödie steht ihr ebenso zur Verfügung wie der Ausdruck damenhafter Ausgelassenheit oder stillen Glücks. Allein das Morbide, Mondäne und Frivole ist ihre Sache nicht. So macht sie aus der oberflächlichen Manon im zweiten Akt die Studie einer jungen Frau, die im emotionalen Überschwang das Recht der Jugend und der Schönheit gegenüber dem Alter und der Dekadenz vertritt. Halbweltdamen werden in Pilar Lorengars Darstellung veredelt, sie gibt den Kurtisanen Violetta und Manon von Anfang an die Aura von Unschuld und Würde. Schon im ersten Akt von „La Traviata" läßt sie inmitten der Oberflächlichkeit und Verlogenheit der Salonwelt die stark und treu Liebende erkennen und macht deutlich, daß Violetta nicht in dieses demimondäne Milieu gehört.

Diese Gestaltung findet in der musikalischen Interpretation ihre genaue Entsprechung. Selbstverständlich stehen ihrer Violetta die geforderte Koloraturtechnik und die vokale Attacke zur Verfügung, aber sie begnügt sich nicht mit der Artistik einer „geläufigen Gurgel", sondern vermag der Koloratur und den weiten Vorhaltbogen den Ausdruck des Menschlichen zu geben und individuelle Emotionen durchschimmern zu lassen. Koloratur ist somit nicht Primadonnen-Selbstzweck, sondern zwingender, empfundener Ausdruck einer Bühnenfigur.

Deutlicher noch als bei Verdi, der ja doch bei der Violetta eine Synthese von „Leidenschaft" und „Geläufigkeit" intendiert hat, wird Pilar Lorengars Fähigkeit, eher vordergründige Musik zu „beseelen", in ihrer Schallplatten-Interpretation der „Montezuma"-Arie. Hier kann der Hörer nachvollziehen, was es heißt, bewußt und „con espressione" zu singen: man glaubt hinter Graun den Genius eines Mozarts spüren zu können.

VI

Die Sängerdarstellerin Pilar Lorengar gibt ihren Rollen ein so unverwechselbares musikalisches und darstellerisches Profil, daß für den Opernfreund viele Gestalten bleibend mit der Verkörperung durch sie verbunden sind.

Zur höchsten Entfaltung kommt ihre Gestaltungskunst in der Darstellung von Resignation und Leid. Da wird das Faszinierende dieser Künstlerin deutlich: Wenn die Situation ausweglos ist, die Frau den Zwängen einer feindlichen Gesellschaft unterliegt, Verzicht leisten muß oder gar nur der tragische Untergang bleibt – dann geht dennoch ein stilles Leuchten von diesen Figuren aus. Sie strahlen durch Pilar Lorengar etwas aus, was man vielleicht mit solchen Paradoxa wie Heil im Unheil oder Größe im Unglück bezeichnen kann. Im Kern bleiben alle diese Figuren unverletzt, ja unverletzbar. In dieser Darstellung von Erniedrigten und Beleidigten manifestiert sich auf rätselhafte Art der Anspruch des Menschen auf Glück. Die Gestalten versinken nicht in einem Meer von Tränen, vielmehr ist immer eine Verschränkung der Gegensätze vorhanden: im Scheitern Hoffnung, im Unglück die Möglichkeit des Glücks. Damit ragt die Kunst Pilar Lorengars in eine Dimension, wie sie in der Welt der Oper nur selten erreicht wird. Das Publikum spürt, daß existentielle Grunderfahrungen angesprochen werden und erlebt angesichts solcher Darstellung menschlichen Elends das Gefühl von Glück.

Dies wird bei Puccini am augenfälligsten. Bis in die feinsten Verästelungen erfaßt Pilar Lorengar diese zarten, sensiblen Leidensgeschöpfe und verleiht ihnen ebenso nuancierten beseelten vokalen Ausdruck. In ihrer Puccini-Gestaltung kommt es zu der Identität von Schönheit und Wahrheit. Schmelz und elegische Schattierung ihres Timbres sind prädestiniert, im Wohlklang der Puccinischen Kantilene, in diesem Belcantoglanz den Ton des Leidens und der Trauer mitschwingen zu lassen: dolcissimo soffrire – süßes Leiden: das ist es, was diese Puccini-Interpretation vermittelt, wobei sich nie der Eindruck des Süßlichen einstellt. Mit welcher Gefühlsintensität verkörpert sie beispielsweise Mimi, die sich – wie die meisten Geschöpfe Puccinis – in einer feindlich gesonnenen Welt nur auf ein reines Herz berufen kann und so scheitern muß. Mit zarten Gesten rührt die Lorengar und trifft seelenvoll phrasierend den sinnlichen Gefühlston Puccinis in einzigartiger Weise. Puccinis Forderung, das „pochende Menschenherz" müsse zu hören sein, ist hier erfüllt. Die Manon vermag, gerade weil ihr das Flair der Halbweltdame fehlt und man im zweiten Akt eher an die Marschallin denkt als an eine Kokotte, besonders zu ergreifen. Pilar Lorengar gestaltet nämlich – über alle Auslassungen des Librettos hinweg – die Geschichte einer zum Scheitern verurteilten bedingungslosen Leidenschaft. Sie stattet diese Figur auch im Vokalen mit der von Puccini erwarteten „passione disparata" aus. Ganz zu sich findet die Kunst der Lorengar im letzten Bild, diesem Lamento zweier Liebender. Hier kulminiert ihre Fähigkeit, Leiden und Verklärung im Leiden mimisch und gestisch so umzusetzen, daß sich Betroffenheit und Ergriffenheit beim Publikum einstellen; hier verströmt sie ein Belcanto-Dolce von höchster Verinnerlichung.

Gerade in den Todesszenen der Mimi, Manon, Angelica, Liu und Butterfly beweist sich Pilar Lorengars darstellerische und stimmliche Prädestination für Puccini. Das von ihm zum Auftritt der Tosca notierte „dolcissimo e con tutta l'espressione" läßt sich durchaus als Charakteristik ihrer Puccini-Interpretation verstehen.

Daß sie auch die Figur der Tosca „humanisiert", sie nicht als eine theatralisch-affektiert agierende Primadonna versteht, sondern als eine von Puccinis großen Liebenden, die den Kampf mit äußeren Mächten nicht bestehen können, ist verständlich. Dieser Tosca fehlt es keineswegs am dramatischen Impetus, aber dennoch liegt das Zentrum eher im Lyrischen. Das „Vissi d'arte" wird vom bloß retardierenden Moment zum tief bewegenden Gefühlsausdruck eines gejagten, leidenden Menschen.

Auch Verdis Liebende und Leidende erfahren die feine stimmliche und darstellerische Seelenzeichnung. Elisabeth in ihrem Zwiespalt zwischen Pflicht und Neigung wird bei Pilar Lorengar zu einer, wie Manon sagt, „in kalten Räumen" unterdrückten Frau, die hinter den majestätisch-würdevollen Gebärden, den höfischen Zeremonien das unterdrückte Lodern der Liebe zu Carlos fühlbar werden läßt. In der düsteren Strenge von Sellners Berliner Inszenierung ereignet sich am Schluß bei Elisabeths Gebet am Sarkophag Karls V. das, was man einmal bei Verdi als die „Menschwerdung durch die Melodie" bezeichnet hat: Pilar Lorengar kann die Frömmigkeit, Verzweiflung, Resignation und Sehnsucht, kurz: die bis dahin von der Contenance verdeckte Zerrissenheit dieser Frau wie keine zweite Interpretin beglaubigen.

Auch Desdemona ist eine mit weiblicher Tugend und Schönheit begnadete Frau. Ihr verleiht Pilar Lorengar die Züge einer Madonna, eines Engels. Diese fast überirdische Reinheit bringt sie zum Strahlen, um ihr dann die – mit makelloser Phrasierung und betörender Pianokultur gesungenen – Töne der Wehmut, Todesergebenheit und – auch hier – der mystischen Verklärung beizumischen. Hanslick hat im Lied von der Weide und im Ave Maria „rührende Herztöne" gehört, und solche schenkt Pilar Lorengar ihrem Publikum als Desdemona.

Heute sind es drei Partien, die die Mozartsängerin Pilar Lorengar auf der Bühne verkörpert: die Gräfin Almaviva, Donna Elvira und Fiordiligi. Ihre Gräfin zeichnet sich durch Eleganz und Noblesse aus und trifft durchaus den Ton einer höheren Heiterkeit, der im „Figaro" herrscht. Das volle Glück stellt sich auch in dieser Partie ein, wenn Pilar Lorengar darstellerisch und vokal auf den tiefen Ernst, die Verzweiflung und das Glücksverlangen einer Unglücklichen verweist, die sich hinter dem Konversationston verbergen. Der Donna Elvira nimmt sie die übliche Weinerlichkeit und den Zug ins Hysterische. Weil ihrer Art zu singen eine Noblesse anhaftet, die nie ins Marmorhaft-Kühle gerät, sondern immer Beseeltheit artikuliert, kann sie diese problematische Figur als leidenschaftlich liebende, verletzte und kämpfende Frau gestalten.

In der Partie der Fiordiligi wird wohl am deutlichsten, was den Mozartgesang Pilar Lorengars auszeichnet. Natürlich verfügt sie wie die große Vorgängerin in dieser Partie, Elisabeth Schwarzkopf, über die Finessen der Phrasierung, über dynamisches Raffinement und die Kunst des Piano, aber all dieses wird bei ihr eingebunden in einen Stil der lyrischen Emphase. Pilar Lorengars Mozart ist von äußerster Ausdruckskraft und zugleich belcantistisch geprägt. Dies führt, wie es ein Kritiker einmal formuliert hat, zu „wahren Wundern kantabler Beseelung". Die horrenden technischen Schwierigkeiten der Felsenarie werden wie selbstverständlich bewältigt, genuin wird die Gestaltung jedoch durch das Vibrato der Lorengar: Es führt zu einem Zuwachs an Spannung und Wahrhaftigkeit. Aus dem karikierten Pathos der opera seria wird das glaubwürdige Psychogramm einer jungen Frau, die sich die Standhaftigkeit ihrer Gefühle wohl eher einredet als daß sie diese ungefährdet besitzt. Pilar Lorengars Fiordiligi ist die Verkörperung strahlender Jugend und Heiterkeit. Aber die Gefährdung dieses Hellen, die existentielle Unsicherheit bleiben immer präsent.

Der Lorengar-Ton einer elegischen Leuchtkraft erweist sich auch und gerade in der „Jenufa" als stimmiger Ausdruck einer geschundenen Kreatur, der schließlich doch die Befreiung gelingt.

Wie weit liegt diese Partie von der Welt Mozarts entfernt, und dennoch ist sie musikalisch und darstellerisch so erfühlt gestaltet worden, daß sie zu den großen Leistungen dieser Sängerin gezählt werden muß. Pilar Lorengar entwickelt in dieser Partie ein solches Stimmvolumen, daß sie in der Berliner Herlischka-Inszenierung von Erich Wonders Raumlandschaft voll Besitz ergreifen kann. Mit Leidenschaft durchdringt sie Janáčeks Duktus, und mit der Kunst des Kammerspiels spürt sie die seelischen Nuancen der Figur auf. Die Übereinstimmung zwischen dem Leuchten ihres Soprans im verklärenden Schlußduett und dem Gang ins Licht der Freiheit bleibt unvergeßlich.

Die Aura reiner Poesie und süßer Innigkeit, die die Gestalten Pilar Lorengars umgibt, der Glanz und die Wärme der Stimme machen diese Sängerin zur idealen Interpretin Elsas und stellen sie in die große Berliner Tradition einer Müller, Lemnitz und Grümmer.

Auch als Agathe ist sie an diesen Namen zu messen. Pilar Lorengar hat die romantischen Mädchengestalten Webers und Wagners so verinnerlicht, daß man nur staunend vor dieser Kraft der Einfühlung stehen kann.

VII

Es fehlt der in Saragossa geborenen und zu Berlin gehörenden Künstlerin nicht an Anerkennung und Ehrungen. Sie hat vor gekrönten Häuptern gesungen, an großen Galakonzerten teilgenommen und ist bereits früh und wiederholt mit angesehenen Kritiker-Preisen ausgezeichnet worden. Sie trägt den Isabella-Orden, die höchste spanische Auszeichnung, die eine Frau erhalten kann. Ihre Heimatstadt hat eine Straße nach ihr benannt, und die Stadt ihrer künstlerischen Heimat hat ihr den Titel einer Kammersängerin verliehen und sie zum Ehrenmitglied der Deutschen Oper Berlin ernannt.

Doch vor allen Dingen wird sie treu und herzlich von ihrem Publikum in aller Welt geliebt. Sie erhält damit etwas von dem zurück, was sie mit ihrer Kunst so reichlich verschenkt: das Gefühl von Wahrhaftigkeit und Glück.

So spricht das Publikum auch nicht von „der Lorengar", sondern in liebevoller Dankbarkeit nur von „Pilar" und bezeichnet damit aufs schönste den besonderen Rang von Pilar Lorengar.

Werner Elsner

Eine erste Erinnerung aus Schülerzeiten. In Hamburg wurde ein Orchesterkonzert angekündigt, auf den Plakaten stand der klangvolle Name einer mir völlig unbekannten Sängerin. Ich ging nicht hin und erfuhr folgenden Tags aus den Kritiken, daß mir offenbar etwas entgangen war. Immerhin genügte das Versäumnis, den Namen Pilar Lorengar fest ins Gedächtnis einzuprägen. Und so ließ sich die nächste Chance besser nutzen – ausgerechnet in München, wo wahrlich kein Andrang zu ihrem „Butterfly"-Gastspiel herrschte.

Die Neugier wurde mehr als belohnt. Aus einem märchenhaften Irgendwo schwebten die allerersten, unglaublich süßen Töne der Cio-Cio-San durch die grauen Kulissen in den Zuschauerraum. Das so oft beschriebene Leuchten der Stimme von Pilar Lorengar erfüllte eine bis dahin belanglose Aufführung mit Leben. Selbst das ziellose Gewimmel der Nebenfiguren bekam – mit *dieser* Butterfly im Zentrum – einen Sinn. Und sogar der vorher desinteressierte B. F. Linkerton wachte nach kurzer Zeit auf zu intensiverem Bühnendasein. Es wurde überhaupt alles lebendig, auch das Publikum, das bereits nach dem Liebesduett am Ende des 1. Aktes jubelnd bekundete, welch ungewöhnliche Butterfly es in Pilar Lorengar erkannt hatte.

Dann kam die Neuproduktion von „La Traviata" in Berlin – einer der raren Momente größten Opernglücks, die auch nach langen Jahren noch im Gedächtnis leben. Im 1. Akt sang und spielte Pilar Lorengar zunächst eine Violetta mit zwei Gesichtern: die mondäne, lebensdurstige femme fatale und die liebebedürftige, leidende Frau. Ein Hauch trauriger Sehnsucht klang als Grundton immer mit. Und schon bald war alles nicht allein die Darstellung einer Bühnenfigur, hier konnte man ein Schicksal miterleben. So geriet denn die große Schlußszene zu weit mehr als einer virtuosen Gesangsnummer. In Pilar Lorengars Stimme erklangen die Verzierungen und Koloraturen als Ausdruck einer verwirrten, hoffenden, hingerissenen Seele.

In der Auseinandersetzung mit Alfredos Vater, dem Dietrich Fischer-Dieskau seine immense Künstler-Autorität gab, entfaltete sich dann auf subtile Weise der Charakter dieser Violetta. Da träumte keine Kurtisane mit Hang zum Bürgerlichen vom anständigen Leben. Vielmehr fühlte sich eine junge Frau, die wohl eher in die Halbwelt gerutscht als freiwillig geraten war, am Ziel ihrer Sehnsüchte und mußte erleben, daß alles wieder zerbrach. Seelenstärke und Mitleid gaben ihr die Kraft, das eigene Glück zu opfern. Die

Zuschauer erlebten, wahrhaft erschüttert, den Kampf zwischen Liebe und harter Moral, der endete in Leid, Verzicht und Verständnis. Das vermeintliche Rührstück hatte seine wirklichen Dimensionen gewonnen im Können und in der Menschlichkeit zweier Künstler: Pilar Lorengar und Dietrich Fischer-Dieskau.

Das vierte Bild war dann von vergleichbar intensiver Wirkung: die Zuschauer mitreißend und beängstigend, wie diese Violetta sich an das Leben, an den wiedergefundenen Geliebten, an ihre einzige Liebe klammerte, sie für einen Augenblick erleben durften und starb.

Erst nach der Vorstellung, wie aus einer Trance langsam erwachend, machte man sich klar, was da alles geschehen war. Welch herrliche Stimmen – Pilar Lorengar, Dietrich Fischer-Dieskau, Giacomo Aragall – man genossen hatte, ohne daß dieser Genuß eine Sekunde lang in die Nähe eines Stimm-Fetischismus geraten wäre. Denn diese Sänger stellten alles, ihre Stimme, ihr Spiel, ihre ganze Bühnenexistenz in den Dienst des Werks und der Wahrheit Verdis. Die Einheit von Szene – Gustav Rudolf Sellners ganz aus dem Werk entwickelte Regie –, Bild – Filippo Sanjusts bis ins Detail perfekte Ausstattung – und Musik – Lorin Maazels glühende Intensität am Dirigentenpult – eine solche Einheit und Kunst-Perfektion gehört selbst in Festspielhäusern zu den Raritäten. Zum Glück ist auf Schallplatten wenigstens der akustische Teil dieses Ausnahme-Ereignisses festgehalten.

Die Violetta ist heute Vergangenheit. Drei andere Verdi-Gestalten schenkt Pilar Lorengar ihrem Publikum auch heute immer neu: Elisabetta, Alice Ford und Desdemona.

Ihre Elisabetta kommt zu schönster Wirkung im 2. Bild des „Don Carlos", wenn sie die soeben vom König verbannte Gräfin Aremberg tröstet. Die Königin singt mit trauervoller Schönheit von der Rückkehr der Verbannten ins geliebte Frnkreich, sie verwandelt die Kränkung, die der König ihr selber zugefügt hat, in Mitleid für eine noch tiefer gedemütigte Frau. Der andere große Moment kommt im letzten Bild, in ihrer Arie und im Duett mit Carlos. Hier wird besonders klar, was so viele tragische Gestalten in der Deutung von Pilar Lorengar charakterisiert: die Fähigkeit, ganz tief zu leiden und dieses Leiden – in ihrem Gesang gleichsam objektiviert – dem Hörer zugleich als Äußerung eines Menschen wie als Stimmkunstwerk zu vermitteln.

Vielleicht noch intensiver kann Pilar Lorengar solche Seelenregungen ausdrücken, wenn sie Desdemona ist. Diese Frau kennt nur ihre Liebe zu Othello, existiert nur für sie und durch sie. Ihrem Schmerz, ihrer Todesbereitschaft, ja Todessehnsucht gibt Pilar Lorengar Töne, die den Hörer im Innersten treffen. Auch in dieser Rolle ist aus der Partnerschaft mit Lorin Maazel tiefe Kunst-Wahrheit entstanden. Wer je den letzten Akt mit diesen beiden Künstlern erlebt hat, wird sich lange der eigenen Bewegtheit erinnern.

Ein weiteres Mal wurde die Kombination Lorengar–Maazel zum musikalischen Ereignis, das Alice Ford heißt. Diese Partie hat Pilar Lorengar in einem langen Prozeß entwickelt; er begann Anfang der sechziger Jahre in Berlin mit der Neueinstudierung einer älteren Carl-Ebert-Inszenierung, die in einem sehr homogenen Ensemble vor allem die vokalen Qualitäten der Künstlerin herausstellte. 1970 war ein erster Höhepunkt erreicht, als Lorin Maazel die musikalische Leitung übernahm. Die „Falstaff"-Aufführungen in der kurzen Wiener Amtszeit Maazels brachten dann die Erfüllung. Wenn Pilar Lorengar heute die Alice singt, kommt ihre Heiterkeit, ihre strahlende, ganz in sich selber ruhende Überlegenheit zu schönster Wirkung. In dieser Rolle kann sie die hellen Seiten ihrer Kunst triumphierend ausspielen. Sie ist die heimliche Hauptfigur, wie Verdi Alice einmal genannt hat, und drängt sich doch nie, in dieser Ensemble-Oper par excellence, ungebührlich in den Vordergrund. Sie herrscht diskret, doch stets spürbar, und sie beherrscht gerade die großen

Ensembles mit ihrer Bühnenpräsenz und dem unverkennbaren Klang ihrer Stimme. Für eine solche Alice war Lorin Maazel in Wien der ideale Dirigent: gespannt oder gelassen, wie immer der musikalische Augenblick es erfordert, versessen auf die Präzision des kleinsten Details, witzig und souverän. Wenn er die Fuge „Tutto nel mondo è burla" dirigiert, und Pilar Lorengars Sopran schwebt über dem Geflecht der Stimmen, dann herrscht musikalisches Glück.

In drei Gestalten Puccinis – Mimi, Manon Lescaut, Tosca – vermittelt Pilar Lorengar vor allem anderen die Menschlichkeit dieser Rollen. Da gibt es keine Primadonna, keine falschen Operntöne und keine Theatergesten. Die Mimi, könnte man meinen, sei eine Idealrolle für sie – doch wäre das eine Einschränkung, denn sie verfügt über viel mehr, viel reichere Kunst-Mittel, als sie in dieser Partie zur Geltung kommen. Jedenfalls berührt, auch über viele Jahre hinweg, stets von neuem, wie in Pilar Lorengars Mimi Glück und Trauer, Freude, Angst, Hoffnung und Verzweiflung leben, in ihrer Gestaltung unmittelbar und stark empfunden wirken, im Klang ihrer kostbaren Stimme aufleuchten.

Noch weiter kann sie als Manon Lescaut den Bogen spannen. Zur Jugendlichkeit und zum Leichtsinn der ersten beiden Bilder kontrastiert die Wucht des plötzlich vernichtenden Schicksals – Gefängnis, Verbannung, Tod in der Wüste. In diesen Szenen mit dem Geliebten Des Grieux – sei es nun ehemals James King oder heute Vasile Moldoveanu – erreichen Stimme und Spiel von Pilar Lorengar eine glühende, bezwingende Intensität, die lange nach dem letzten Takt noch im Zuschauer wirkt. In den frühen Berliner Aufführungen war Lorin Maazel der Dirigenten-Partner, der mit ungemein differenziertem Orchesterklang und mit geschärfter Dramatik ebenso teilhatte am tiefen Eindruck des Werkes wie seine Hauptdarstellerin.

Auch in »Tosca« war solche Partnerschaft Garant intensiver Wirkungen, unterstützt von Ingvar Wixell und Franco Tagliavini wie durch Boleslaw Barlogs psychologisch differenzierte Regie und Filippo Sanjusts Bühnenräume voller Atmosphäre. Diese Tosca verblüffte viele, weil sie nichts von einer Primadonna an sich hat und im ersten Akt nur verliebte, eifersüchtige Frau ist. Im zweiten Akt macht Pilar Lorengar deutlich, wie existentiell Tosca gefährdet ist, aus welch tiefer Verzweiflung heraus sie den Mord begeht. In besonders intensiven Aufführungen scheint hier die Grenze zwischen Theater und Leben zu verschwinden. „Vissi d'arte" ist bei Pilar Lorengar dann nicht der lyrische Ruhepunkt, nicht das verzögernde Moment im spannenden Geschehen. Hier klingt Toscas ganze Not im verzweifelten, schönen Gesang, der zum musikalischen wie psychologischen Höhepunkt des gesamten Aktes wird. Walter Felsensteins Forderung, Gesang müsse immer aus der dramatischen Situation entstehen, die Bühnenfigur müsse so intensiv gestaltet werden, daß Singen als ihre natürliche, geradezu zwangsläufige Äußerung in der Situation wirke – dieses Postulat erfüllt sich, wenn Pilar Lorengar „Vissi d'arte" singt. Ich kenne keine Sängerin, Callas inclusive, die gerade hier ähnlich intensive Eindrücke erreicht hätte. Diese erfüllten Minuten gehören einzig der Lorengar-Tosca.

Zwei Gestalten aus ganz anderen musikalischen Bezirken haben sich in die Erinnerung eingegraben. Jenufa, der Pilar Lorengar all ihre Leidensfähigkeit, ja Leidensbereitschaft zu geben vermag. Und Marie in der „Verkauften Braut". Hier kann die Sängerin wieder die heiteren, lebendigen Farben ihres künstlerischen Spektrums einbringen und zugleich einen ernsten Grundton anklingen lassen. Im Duett mit Wenzel ist sie belustigt, auch ein wenig aggressiv. In ihrer großen Szene „Endlich allein" und in der folgenden Auseinandersetzung mit Hans hört man ihre Trauer. Alle Empfindungen faßt Pilar Lorengar zusammen im Strahlen ihrer unverwechselbaren Stimme.

Im Gedächtnis des Berliner Publikums sind zwei Inszenierungen der „Verkauften Braut" lebendig geblieben. In beiden standen vorzügliche Sänger mit Pilar Lorengar auf der Bühne. Eine singuläre Partnerschaft jedoch kam nur für die Schallplatte zustande: der früh verstorbene Fritz Wunderlich war ihr Hans im Plattenstudio, und diese Gesamtaufnahme beweist bis heute, daß man bisweilen von einer Sternstunde sprechen darf.

Schließlich die deutschen Partien. Da habe ich, neben der „Meistersinger"-Eva, zwei Gestalten besonders intensiv erlebt: Agathe und Elsa. Wie Pilar Lorengar die Herzenstöne dieser Inkarnationen musikalischer Romantik singt, ist ein Kunst-Wunder für sich. Vielleicht helfen hier ihr Gefühl und ihre Sensibilität, den Kern beider Rollen so sicher zu treffen. Allein, daß sie neben und nach der heute legendären Elisabeth Grümmer zu bestehen vermag, ja oft als ihre Nachfolgerin gilt, sagt mehr als jeder noch so ausführliche Beschreibungsversuch. Das Vertrauen und die Zuversicht, die in Pilar Lorengars Interpretation aus Agathes Cavatine wie aus Elsas Gebet sprechen; die Seligkeit, die Gesang wird in „Es gibt ein Glück, das ohne Reu" – das alles singt heute keine wie sie. Und schließlich darf man darüber eine nicht vergessen, die Schwester dieser beiden: Pamina.

So wären wir endlich bei Mozart. Natürlich liebe ich Pilar Lorengars Gräfin, ich bewundere ihre Donna Elvira und habe einen ihrer seltenen Auftritte als Donna Anna in schönster Erinnerung. Doch die Kombination der Namen Mozart und Lorengar wird zu einer unvergeßlichen Gestalt: Fiordiligi.

Der Anfang war indes verhalten. In der alten Ebert-Inszenierung stand Pilar Lorengar noch – mit allem Zauber ihrer Stimme, als Darstellerin aber oft beinah in sich gekehrt – im Schatten der Bühnenschwester, wenn gelegentlich Christa Ludwig die Dorabella-Partnerin war.

Wie anders dann unter Karl Böhms Leitung, in der Regie von Otto Schenk und in Jürgen Roses detailsüchtigen, prachtvollen Bildern! Diese Fiordiligi ist nun wirklich eine Dame aus Ferrara – eindrucksvoll allein schon, mit welcher Tenue sie sich bewegt, steht, sitzt! Schwester Dorabella, alias Brigitte Fassbaender, ist verspielter und leichtsinnig – man muß sich mit aller geschwisterlichen Zuneigung manchmal etwas um sie kümmern. Aber auch Fiordiligi-Pilar ist munter, lustig und diskret albern, dabei doch immer die Tochter aus gutem Hause. Das Spiel der beiden Schwestern, die Szenen mit den richtigen und den verkleideten Liebhabern, die Intrigen mit Despina und Don Alfonso – eine Kette des Entzückens! Höhepunkte, noch über den anderen herausragenden Momenten, sind Szenen mit Fiordiligi: die Arie „Come scoglio", in der das heitere Spiel wieder ganz ernst wird; ihr Rondo „Per pietà", wo aus den beginnenden, schnell unterdrückten Zweifeln eine elegisch-ambivalente Stimmung wächst; die Szene „Fra gli amplessi" mit dem erst zögernden, dann hingerissenen Eingeständnis der neuen Liebe; die völlige Verwirrung der Gefühle im Finale, das dann doch heiter ausklingt. Diese Lorengar-Fiordiligi ist in jeder Sekunde der Mensch, die lebendige, handelnde, empfindungsvolle Frau, die Mozart und da Ponte schildern. Das große Werk dieser beiden Künstler vollendet sich in Pilar Lorengars Kunst des Singens und der Menschengestaltung.

Erinnerungen, Beschreibungsversuche, vielleicht ein wenig Schwärmerei – Annäherungen! Was aber ist die Kunst der Sängerin Pilar Lorengar? Wer sie hört, ihr zuschaut, kann das Geheimnis immer wieder erfahren.

Max W. Busch

Pilar Lorengar beantwortet einen Fragebogen.

1. *Was ist für Sie das größte Unglück?* – Intoleranz der Menschen.
2. *Wo möchten Sie leben?* – Wo die Sonne scheint!
3. *Was ist für Sie das vollkommene irdische Glück?* – Das „vollkommene irdische Glück" gibt es nicht.
4. *Welche Fehler entschuldigen Sie am ehesten?* – Fehler, die nicht böse gemeint sind.
5. *Ihre liebsten Romanhelden?* – Don Quichote.
6. *Ihre Lieblingsgestalten in der Geschichte?* –
7. *Ihre Lieblingsheldinnen in der Wirklichkeit?* – Mutter Teresa.
8. *Ihre Lieblingsheldinnen in der Dichtung?* – Die Kameliendame.
9. *Ihre Lieblingsmaler?* – Dali, Miro.
10. *Ihr Lieblingskomponist?* – Mahler, Dvořák.
11. *Welche Eigenschaften schätzen Sie bei einem Mann am meisten?* – Klugheit, Ehrlichkeit, Fröhlichkeit.
12. *Welche Eigenschaften schätzen Sie bei einer Frau am meisten?* – Stolz, Schönheit, Intelligenz.
13. *Ihre Lieblingstugend?* – Weiblichkeit.
14. *Ihre Lieblingsbeschäftigung?* – Das Haus ordnen.
15. *Wer oder was hätten Sie sein mögen?* – Nur Opernsängerin.
16. *Ihr Hauptcharakterzug?* – Impulsivität.
17. *Was schätzen Sie bei Ihren Freunden am meisten?* – Offenheit.
18. *Ihr größter Fehler?* – Wenig Vertrauen in die Menschen.
19. *Ihr Traum vom Glück?* – Gemeinsame Erlebnisse mit meinem Mann.
20. *Was möchten Sie sein?* – Nur „ich"!
21. *Ihre Lieblingsfarbe?* – Schwarz, Hellblau.
22. *Ihre Lieblingsblume?* – Rosen.
23. *Ihr Lieblingsvogel?* – Lerche.
24. *Ihr Lieblingsschriftsteller?* – John Knittel, John Le Carré.
25. *Ihr Lieblingslyriker?* – Lorca.
26. *Ihre Helden in der Wirklichkeit?* – Clark Gable.
27. *Ihre Heldinnen in der Geschichte?* –
28. *Ihre Lieblingsnamen?* – Francisca, Carlos.
29. *Was verabscheuen Sie am meisten?* – Arrogante, überhebliche Leute.
30. *Welche geschichtlichen Gestalten verabscheuen Sie am meisten?* – Hitler.
31. *Welche militärischen Leistungen bewundern Sie am meisten?* – Keine
32. *Welche Reform bewundern Sie am meisten?* – Jede, die der Menschheit zugute kommt.
33. *Welche natürliche Gabe möchten Sie besitzen?* – Stabhochspringen.
34. *Wie möchten Sie sterben?* – In Frieden.
35. *Ihre gegenwärtige Geistesverfassung?* – Nach diesem Fragebogen: erschöpft.
36. *Ihr Motto?* – Ein positiver Weltblick.

PILAR LORENGAR

Im Bild

Pilar Lorengar, Mitte, mit ihrer Lehrerin
Angeles Otein, rechts (ganz oben);
in einer Zarzuela (links); vor der Garderobe
im Teatro de la Zarzuela in Madrid,
rechts hinten Pilar Lorengars Mutter (oben)

Pilar Lorengar als Margarethe in Gounods „Faust", Malaga 1954

Pilar Lorengar als Folkloresängerin im Film „El ultimo dia", Anfang der fünfziger Jahre (linke Seite);
Liederabend, Mitte der fünfziger Jahre (links oben); als Violetta in „La Traviata", Brüssel (links unten) und London (oben), beides Mitte der fünfziger Jahre

Das Debüt in „Die Hochzeit des Figaro"
in Aix-en-Provence 1955: Pilar Lorengar
als Cherubino in der Mitte,
links Rolando Panerai und Rita Streich
(Figaro und Susanna),
rechts Teresa Stich-Randall
und Heinz Rehfuss (Gräfin und Graf)
– (Bild oben);
mit Hans Rosbaud (links) in Aix
(Bild rechts);
in Aix sang Pilar Lorengar außerdem
1962 die Donna Anna unter Leitung
von Michael Gielen und 1974 Richard
Strauss' „Vier letzte Lieder"
unter Alain Lombard;

als Pamina in Buenos Aires 1958
(rechte Seite)

Glyndebourne:
„Die Hochzeit des Figaro" 1958 mit Teresa Berganza, Pilar Lorengar und Graziella Sciutti (oben): Pilar Lorengar als Gräfin im 2. Akt (rechte Seite) und im 4. Akt (rechts)

Glyndebourne:
Graziella Sciutti und
Pilar Lorengar in
„Die Hochzeit des Figaro"
(oben); Pilar Lorengar als
Pamina mit dem Regisseur
Carl Ebert (rechts) und mit
Richard Lewis als Tamino
(rechte Seite)

Die erste Premiere in Berlin:
Sopransolo in „Carmina burana",
mit Ernst Krukowski und
Ballettsolisten
(linke Seite oben),
Regina in „Mathis der Maler"
mit Dietrich Fischer-Dieskau
(linke Seite unten)
– beides Berlin 1958;
als Mélisande mit Thomas Stewart
in Berlin 1959 (links) und
in San Francisco 1965 (unten)

Marie in „Die verkaufte Braut": Berlin 1978 (linke Seite);
Berlin 1961 mit Almar Heggen, Josef Greindl, Tom Krause, Sabine Zimmer, Pilar Lorengar
und Nada Puttar (oben) und mit Ernst Haefliger (links unten);
mit Fritz Wunderlich anläßlich der Plattenaufnahmen in Bamberg 1962 (rechts unten)

„Orpheus und Eurydike", Berlin 1961: Probe mit Mary Wigman (oben), Szene mit Thomas Stewart (rechts oben), Probe mit Gustav Rudolf Sellner (unten links); „Atlantida", Berlin 1962, Pilar Lorengar und Wolfgang Leistner (unten rechts)

Salzburger Festspiele:
Proben für „Idomeneo" 1961 mit
Ferenc Fricsay (linke Seite);
Probe für „Die Zauberflöte",
1963, mit Otto Schenk,
Istvan Kertesz, Walter Berry
und Pilar Lorengar (unten)
als Pamina mit Walter Berry
(links)

Als Pamina in Salzburg,
mit Lucia Popp (mittlerer Knabe)
Waldemar Kmennt und Roberta Peters;

Pamina in Sellners Berliner
„Zauberflöten"-Inszenierung Berlin
(rechte Seite)

Salzburger Festspiele:
Proben für Beethovens 9. Symphonie, 1965,
mit Walter Taussig am Klavier, Walter Berry,
Fritz Wunderlich, Cvetka Ahlin und
Pilar Lorengar (ganz oben); Karl Böhm,
Pilar Lorengar, Cvetka Ahlin und Walter
Berry (oben)
Pilar Lorengar 1971 in „Mitridate, Re di Ponto"

Eröffnung der Deutschen Oper Berlin 1961:
Pilar Lorengar als Donna Elvira (links) und mit Carl Ebert auf einer Probe für „Don Giovanni" (unten)

„Don Giovanni": Berlin 1964 nach einer
Aufführung der Ebert-Inszenierung mit
Ivan Sardi, Donald Grobe, Manfred Röhrl,
Pilar Lorengar (Anna), George London,
Evelyn Lear (Elvira), Eugen Jochum und
Lisa Otto (linke Seite oben);
Mailand 1965 mit Mario Borriello,
Pilar Lorengar (Elvira), Lorin Maazel,
Joan Sutherland (Anna), Luigi Alva,
Mirella Freni, Luigi Squarzina,
Wladimiro Ganzarolli und Nicolai Ghiaurov
(linke Seite unten);
in der Noelte-Inszenierung Berlin 1973:
Pilar Lorengar als Elvira (links) und
mit Luigi Alva und Gundula Janowitz (unten)

„Così fan tutte": Fiordiligi
und Dorabella – Pilar Lorengar
mit Christa Ludwig in der
Ebert-Inszenierung, Berlin 1963
(linke Seite);
Josephine Veasey und Pilar Lorengar,
London 1968 (links);
bei der Schallplatten-Aufnahme
mit Teresa Berganza (unten)

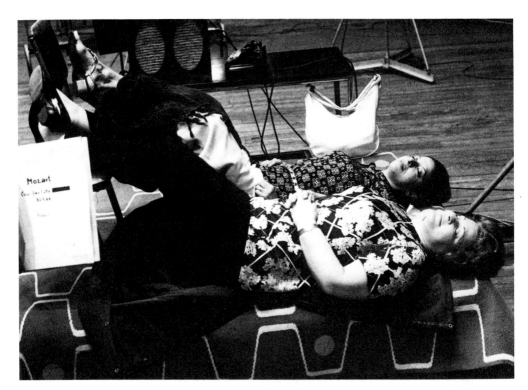

Schallplatten-Aufnahmen für „Così fan tutte"

„Così fan tutte", Berlin 1972
rechte Seite unten: Erika Köth, Barry McDaniel, Luigi Alva,
Pilar Lorengar und Brigitte Fassbaender

„Così fan tutte", Berlin 1972, Pilar Lorengar mit Luigi Alva und Dietrich Fischer-Dieskau (rechts)

„Così fan tutte" in Berlin:
Zwei Szenen mit Fiordiligi und
Dorabella bzw. Pilar Lorengar
und Brigitte Fassbaender
(oben und rechts);

nach einer Aufführung:
Pilar Lorengar, Karl Böhm,
Gerd Feldhoff, Erika Köth und
Brigitte Fassbaender
(rechte Seite)

„Così fan tutte",
San Francisco 1983,
Pilar Lorengar und
Gösta Winbergh (oben);
als Gräfin in „Die Hochzeit des Figaro", Berlin 1963 in der Inszenierung von G. R. Sellner (rechts)
und 1983 mit Marie McLaughlin in der Inszenierung von Götz Friedrich
(rechte Seite)

Nach einer Aufführung von Spontinis „Olimpia" an der Mailänder Scala 1966: Nicola Zaccaria, Franco Tagliavini, Fiorenza Cossotto, Francesco Molinari-Pradelli, Pilar Lorengar und Giangiacomo Guelfi (oben);

Das Ehepaar Pilar Lorengar und Dr. Jürgen Schaff in New York (links); Agathe in Berlin (rechts)

„Die Meistersinger von Nürnberg":
Probe 1962 in Berlin mit Hans Beirer,
Wieland Wagner, Pilar Lorengar
und Josef Greindl (oben links);
in San Francisco 1965 mit Jess Thomas
(oben rechts);
in New York 1969 (links)

Liebe Pilar,

nach all den vielen Jahren, die wir uns kennen und immer wieder in einem der großen Opernhäuser irgendwo in der Welt getroffen haben, standen wir nun zum ersten Mal gemeinsam auf der Bühne. Heute möchte ich Dir danken für Deine stets optimistische Ausstrahlung und positive Unterstützung. Du hast mir sehr geholfen bei der glücklichen Geburt der Ortrud. Du weißt, wie oft ich überall in der Welt selbst die Elsa gesungen habe. Nun darf ich Dir sagen: Du bist Elsa!
In der Hoffnung, daß wir noch oft gemeinsam das Publikum erobern können – hab' Dank

Deine Leonie

„Lohengrin"
in San Francisco 1982,
Proben und Szenen
mit Pilar Lorengar
und Leonie Rysanek

„Lohengrin" in New York 1976,
oben mit René Kollo

„Eugen Onegin", Berlin 1974,
Pilar Lorengar mit Bernd Weikl
(links oben)
und mit Chor (rechts unten),
mit Martti Talvela (links unten)

Briefszene der Tatjana
in „Eugen Onegin" (oben);
Lisa in „Pique Dame" 1978 (rechts)
– beides Deutsche Oper Berlin

Jenufa, Berlin 1961

Jenufa, Berlin 1976

Violetta in „La Traviata", New York 1968

Violetta, Berlin 1965 (linke Seite und oben)
ganz links mit Giacomo Aragall,
links Mitte mit Dietrich Fischer-Dieskau

„Don Carlos", Berlin 1964
Pilar Lorengar und Josef Greindl (unten)

Pilar Lorengar als Elisabeth in
„Don Carlos" in Berlin 1964
mit James King (rechts)
und in Chicago 1971 (unten)

Dreimal Desdemona in „Otello"
– San Francisco 1974 (oben links
und rechts), Berlin 1974 (unten)

Alice Ford in „Falstaff"
– New York 1966 (oben),
Berlin 1982
mit Guillermo Sarábia
(unten und rechte Seite)

Micaëla in „Carmen", Berlin 1962 mit James King
(linke Seite oben) und Berlin 1982 in der
Peter-Beauvais-Inszenierung (linke Seite unten)

„Madame Butterfly", Berlin 1960 (links),
Probe mit Werner Kelch (unten)

„La Bohème"
Schallplattenaufnahme
mit Sandor Konya und
Pilar Lorengar (links);
Berlin 1964,
mit Pilar Lorengar
(rechts oben),
P. L. und James King
(rechts unten)

„Tosca", Berlin 1969,
mit Franco Tagliavini,
Pilar Lorengar und
Ingvar Wixell
(rechte Seite oben),
Pilar Lorengar und
George Fortune
(rechte Seite unten)

„Tosca"-Probe, Berlin 1969, mit Franco Tagliavini, Lorin Maazel, Pilar Lorengar und Boleslaw Barlog

„Manon Lescaut", Berlin 1971

„Manon Lescaut" in Berlin,
mit Pilar Lorengar
und James King
(Seite 122 und 123 oben)

„Schwester Angelica",
Berlin 1975 (unten)

Liu in „Turandot", San Francisco 1972

Pilar Lorengar und der Dirigent Odon Alonso nach einem Konzert in Cadiz,
Mitte der fünfziger Jahre

Mit Karl Böhm nach Beethovens Neunter zur Einweihung des Festspielhauses Bregenz, 1965

Placido Domingo und Pilar Lorengar in einem Zarzuela-Konzert, Salzburger Festspiele 1983 (oben); nach dem Berliner Konzert 1984 anläßlich Pilar Lorengars 25jähriger Zugehörigkeit zur Deutschen Oper (unten)

Alicia de Larrocha und Pilar Lorengar

Pilar Lorengar und Siegfried Behrend in einer Fernsehaufnahme 1968 (oben);
die Schauspielerin Conchita Montez, Pilar Lorengar und der Komponist Federico Moreno Torroba nach einer Zarzuela-Premiere Mitte der fünfziger Jahre (unten)

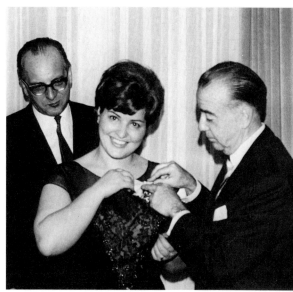

Pilar Lorengar und Igor Strawinsky in Madrid (links);
Pilar Lorengar wird 1965 mit dem Orden „Lazo de Damas de Isabel la Catolica" ausgezeichnet (rechts);
Marc Chagall schminkt Pilar Lorengar für die „Zauberflöten"-Premiere, New York 1967 (unten)

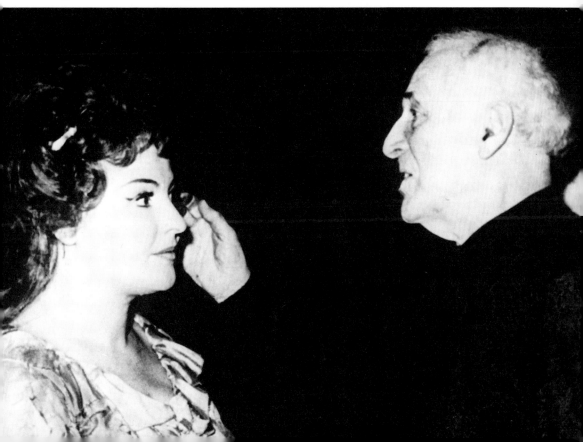

Königin Elizabeth II. gab anläßlich ihres Berlin-Besuches 1965 im Charlottenburger Schloß einen Empfang. Als Pilar Lorengar und Dr. Jürgen Schaff Ihrer Majestät vorgestellt wurden, ergab sich folgender Dialog:

Königin Elisabeth:	„Haben Sie denn schon einmal in London gesungen?"
Pilar Lorengar:	„Majestät, ich komme gerade von einem Gastspiel an Covent Garden."
Königin Elisabeth:	„Und welche Partie haben Sie dort gesungen?"
Pilar Lorengar:	„Die Königin Elisabeth."
Königin Elisabeth:	„Oh!"

PILAR LORENGAR

Auf der Bühne

STÄDTISCHE OPER BERLIN

1958/59

Carmina Burana, Carl Orff
Dirigent: Berislav Klobucar
Inszenierung: Wolf Völker
Bühnenbild/Kostüme: Walter Gondolf
Chöre: Ernst Senff
Choreographie: Tatjana Gsovsky
Pilar Lorengar, Ursula Gust, Herbert Brauer, Ernst Krukowski, Willam Forney

Mathis der Maler, Paul Hindemith
Dirigent: Richard Kraus
Inszenierung: Wolf Völker
Bühnenbild/Kostüme: Rochus Gliese
Chöre: Hermann Lüddecke
Choreographie: Tatjana Gsovsky
Brandenburg: Helmut Melchert, Mathis: Dietrich Fischer-Dieskau, Pommersfelden: Wilhelm Lang, Capito: Theo Altmeyer, Riedinger: Peter Roth-Ehrang, Schwalb: Walter Geisler, Waldburg: Hans-Heinz Nissen, Schaumburg: Carl-Friedrich Schubert, Ursula: Gladys Kuchta, Regina: Pilar Lorengar, Gräfin Helfenstein: Nada Puttar

1959/60

Pelléas und Mélisande, Claude Debussy
Dirigent: Richard Kraus
Inszenierung: Werner Kelch
Bühnenbild/Kostüme: Wilhelm Reinking
Arkel: Peter Roth-Ehrang, Genoveva: Nada Puttar, Pelléas: Hans Wilbrink, Golo: Thomas Stewart, Mélisande: Pilar Lorengar, Yniold: Helga Hildebrand, Arzt: Leopold Clam

Madame Butterfly, Giacomo Puccini
Dirigent: Christian Vöchting
Inszenierung: Werner Kelch
Bühnenbild: Helmut Koniarsky
Kostüme: Gisela Schmuggerow-Appelt
Chöre: Ernst Senff
Cio-Cio-San: Pilar Lorengar, Suzuki: Irene Dalis, Kate Linkerton: Edda Moser, Linkerton: Sandor Konya, Sharpless: Ernst Krukowski, Goro: Martin Vantin, Yamadori: Leopold Clam, Onkel Bonze: Peter Roth-Ehrang, Yakusidé: Robert Koffmane, Kommissar: Tom Krause, Mutter Chi-Cios: Irmgard Dressler, Base: Mariana Türke, Kind: Manuela Nebjonat, Tante: Susanne Linden

1960/61

Die verkaufte Braut, Friedrich Smetana
Dirigent: Heinrich Hollreiser
Inszenierung: Wolf Völker
Bühnenbild/Kostüme: Wilhelm Reinking
Chöre: Ernst Senff
Choreographie: Tatjana Gsovsky
Kruschina: Tom Krause, Ludmila: Nada Puttar, Marie: Pilar Lorengar, Micha: Almar Heggen, Háta: Sabine Zimmer, Wenzel: Martin Vantin, Hans: Ernst Haefliger, Kecal: Josef Greindl, Direktor: Ernst Krukowski, Esmeralda: Ursula Schirrmacher, Indianer: Robert Koffmane

DEUTSCHE OPER BERLIN

Eröffnung des neuen Hauses am 24. 9. 1961 mit:

Don Giovanni, Wolfgang Amadeus Mozart
Fernsehübertragung
Dirigent: Ferenc Fricsay
Inszenierung: Gustav-Rudolf Sellner
Bühnenbild/Kostüme: Georges Wakhevitch
Chöre: Walter Hagen-Groll
Giovanni: Dietrich Fischer-Dieskau, Komtur: Josef Greindl, Anna: Elisabeth Grümmer, Ottavio: Donald Grobe, Elvira: Pilar Lorengar, Leporello: Walter Berry, Masetto: Ivan Sardi, Zerlina: Erika Köth

1961/62

Orpheus und Eurydike, Christoph Willibald Gluck
Dirigent: Ernest Bour
Inszenierung: Gustav Rudolf Sellner
Bühnenbild/Kostüme: Wilhelm Reinking
Chöre: Walter Hagen-Groll
Choreographie: Mary Wigman
Orpheus: Thomas Stewart, Eurydike: Pilar Lorengar, Amor: Evelyn Lear

Carmen, Georges Bizet
Dirigent: Serge Baudo
Inszenierung: Gustav Rudolf Sellner
Bühnenbild/Kostüme: Michel Raffaëlli
Chöre: Walter Hagen-Groll
Choreographie: Deryk Mendel
Zuniga: Ivan Sardi, José: James King, Morales: Pekka Salomaa, Escamillo: Tom Krause, Dancairo: Walter Dicks, Remendado: Martin Vantin, Carmen: Patricia Johnson, Frasquita: Clementine Mayer, Mercedes: Ruth Hesse, Micaëla: Pilar Lorengar, Lillas Pastia: Karl Schumacher, Zigeuner: Heinz Bintig

1962/63
Atlantida, Manuel de Falla
Dirigent: Eugen Jochum
Inszenierung: Gustav Rudolf Sellner
Bühnenbild/Kostüme: Michel Raffaëlli
Chöre: Walter Hagen-Groll
Choreographie: Deryk Mendel
Deukalion: William Dooley, Pirene: Patricia Johnson, Dreiköpfiger Geryon: Ulfried Günther, Loren Driscoll, Manfred Röhrl, Ephialtes: Pekka Salomaa, Haupt des Atlas: Donald Grobe, Zyklopen: Martin Vantin, Günther Treptow, Pekka Salomaa, Plejaden: Frances McCann, Marina Türke, Clementine Mayer, Gitta Mikes, Yonako Nagano, Ruth Hesse, Sieglinde Wagner, Ysabella von Kastilien: Pilar Lorengar

Die Meistersinger von Nürnberg, Richard Wagner
Dirigent: Heinrich Hollreiser
Inszenierung/Bühnenbild/Kostüme:
Wieland Wagner
Chöre: Walter Hagen-Groll
Choreographie: Erwin Bredow
Sachs: Josef Greindl, Pogner: Walter Kreppel, Vogelsang: Loren Driscoll, Nachtigall: Hanns Heinz Nissen, Beckmesser: Karl Schmitt-Walter, Kothner: Gerd Feldhoff, Zorn: Günther Treptow, Eißlinger: Karl Ernst Mercker, Moser: Julius Katona, Ortel: Pekka Salomaa, Schwarz: Wilhelm Lang, Foltz: Franz Pohlmann, Stolzing: Hans Beirer, David: Donald Grobe, Eva: Pilar Lorengar, Magdalene: Sieglinde Wagner, Nachtwächter: Manfred Röhrl

La Bohème, Giacomo Puccini
Dirigent: Heinrich Hollreiser
Inszenierung: Boleslaw Barlog
Bühnenbild/Kostüme: Eva Schwarz
Chöre: Walter Hagen-Groll
Rodolfo: James King, Schaunard: Manfred Röhrl, Marcello: William Dooley, Colline: Peter Lagger, Benoit: Fritz Hoppe, Mimi: Pilar Lorengar, Musetta: Lisa Otto, Parpignol: Karl-Ernst Mercker, Alcindoro: Julius Katona, Sergeant: Hans-Dietrich Pohl

1964/65
Don Carlos, Giuseppe Verdi
Dirigent: Wolfgang Sawallisch
Inszenierung: Gustav Rudolf Sellner
Bühnenbild/Kostüme: Wilhelm Reinking
Chöre: Walter Hagen-Groll
Philipp II.: Josef Greindl, Elisabeth: Pilar Lorengar, Carlos: James King, Eboli: Patricia Johnson, Posa: Dietrich Fischer-Dieskau, Lerma: Günther Treptow, Tebaldo: Barbara Vogel, Großinquisitor: Martti Talvela, Mönch: Ivan Sardi, Deputierte: Leopold Clam, Walter Dicks, Klaus Günther, Fritz Hoppe, Robert Koffmane, Hanns Heinz Nissen, Engelsstimme: Lisa Otto

1965/66
La Traviata, Giuseppe Verdi
Dirigent: Lorin Maazel
Inszenierung: Gustav Rudolf Sellner
Bühnenbild/Kostüme: Filippo Sanjust
Chöre: Walter Hagen-Groll
Choreographie: Gudrun Leben
Violetta: Hilde Güden / Pilar Lorengar, Flora: Helga Wisniewska, Annina: Gitta Mikes, Alfredo: Giacomo Aragall, Georg Germont: Dietrich Fischer-Dieskau, Letorières: Karl Ernst Mercker, Douphal: George Fortune, Obigny: Klaus Lang, Grenvil: Ivan Sardi, Joseph: Werner Götz, Diener: Leopold Clam, Kommissionär: Klaus Günther

1968/69
Tosca, Giacomo Puccini
Dirigent: Lorin Maazel
Inszenierung: Boleslaw Barlog
Bühnenbild/Kostüme: Filippo Sanjust
Chöre: Walter Hagen-Groll
Tosca: Pilar Lorengar, Cavaradossi: Franco Tagliavini, Scarpia: Ingvar Wixell, Angelotti: José van Dam, Mesner: Ernst Krukowski, Spoletta: Fernando Barrera, Sciarrone: Robert Koffmane, Schließer: Leopold Clam, Hirt: Harry Tchor

1970/71
Manon Lescaut, Giacomo Puccini
Dirigent: Lorin Maazel
Inszenierung: Boleslaw Barlog
Bühnenbild/Kostüme: Filippo Sanjust
Chöre: Walter Hagen-Groll
Manon: Pilar Lorengar, Lescaut: William Murray,

des Grieux: James King, Geronte: Bengt Rundgren, Edmond: Loren Driscoll, Wirt: Leopold Clam, Ballettmeister: Fernando Barrera, Lampenanzünder: Cornelis van Dijk, Sergeant: Klaus Lang, Kapitän: Robert Koffmane, Friseur: Gert Heruth

1972/73

Così fan tutte, Wolfgang Amadeus Mozart
Dirigent: Karl Böhm
Inszenierung: Otto Schenk
Bühnenbild/Kostüme: Jürgen Rose
Chöre: Walter Hagen-Groll
Fiordiligi: Pilar Lorengar, Dorabella: Brigitte Fassbaender, Guglielmo: Barry McDaniel, Ferrando: Luigi Alva, Despina: Erika Köth, Alfonso: Dietrich Fischer-Dieskau

1973/74

Don Giovanni, Wolfgang Amadeus Mozart
Dirigent: Lorin Maazel
Inszenierung: Rudolf Noelte
Bühnenbild/Kostüme: Jürgen Rose
Chöre: Walter Hagen-Groll
Giovanni: Ruggero Raimondi, Komtur: Bengt Rundgren, Anna: Gundula Janowitz, Ottavio: Luigi Alva, Elvira: Pilar Lorengar, Leporello: José van Dam, Masetto: Manfred Röhrl, Zerlina: Graziella Sciutti

Eugen Onegin, Peter Iljitsch Tschaikowsky
Dirigent: Gerd Albrecht
Inszenierung: Boleslaw Barlog
Bühnenbild/Kostüme: Filippo Sanjust
Chöre: Walter Hagen-Groll
Choreographie: Galina Jordanowa
Larina: Sieglinde Wagner, Tatjana: Pilar Lorengar, Olga: Agnes Baltsa, Filipjewna: Vera Little-Augusthitis, Onegin: Bernd Weikl, Lenski: Horst Laubenthal, Gremin: Martti Talvela, Hauptmann: Klaus Lang, Sarezki: Josef Becker, Triquet: Helmut Krebs, Vorsänger: Franz-Josef Kapellmann

1974/75

Schwester Angelica, Giacomo Puccini
Dirigent: Gerd Albrecht
Inszenierung/Bühnenbild/Kostüme: Filippo Sanjust
Chöre: Walter Hagen-Groll
Angelica: Pilar Lorengar, Fürstin: Patricia Johnson, Äbtissin: Vera Little-Augusthitis, Genoveva: Lucy Peacock, Dolcina: Helga Wisniewska, Krankenschwester: Maria Teresa Reinoso, Lehrmeisterin: Linda Matousek, Almosensucherinnen: Dorothea Weiss, Kaja Borris

1975/76

Jenufa, Leoš Janáček
Dirigent: Gerd Albrecht
Inszenierung: Bohumil Herlischka
Bühnenbild: Erich Wonder
Kostüme: Lieselotte Erler
Chöre: Walter Hagen-Groll
Alte Buryja: Vera Little-Augusthitis, Laca: Peter Lindroos, Steva: Peter Gougaloff, Küsterin: Patricia Johnson, Jenufa: Pilar Lorengar, Altgesell: Tomislav Neralić, Dorfrichter: Victor von Halem, Seine Frau: Linda Matousek, Karolka: Barbara Vogel, Magd: Kaja Borris, Barena: Dorothea Weiss, Jano: Helga Wisniewska, Tante: Maria José Brill, Stimmen: Brenda Jackson, Byung Woon Kang

1977/78

Die verkaufte Braut, Friedrich Smetana
Dirigent: Heinrich Hollreiser
Inszenierung: Bohumil Herlischka
Bühnenbild/Kostüme: Ruodi Barth
Chöre: Walter Hagen-Groll
Choreographie: Imre Keres
Kruschina: Tomislav Neralic, Ludmila: Dorothea Weiss, Marie: Pilar Lorengar, Micha: Ivan Sardi, Háta: Kaja Borris, Wenzel: Peter Maus, Hans: William Holley, Kecal: Martti Talvela, Direktor: Ernst Krukowski, Esmeralda: Barbara Vogel, Indianer: Miomir Nikolić

1978/79

Pique Dame, Peter Iljitsch Tschaikowsky
Dirigent: Gerd Albrecht
Inszenierung: Nikolaus Sulzberger
Bühnenbild/Kostüme: Günter Walbeck
Chöre: Walter Hagen-Groll
Choreographie: Gudrun Leben
Hermann: William Holley, Tomsky: George Fortune, Jelezky: William Murray, Tschekalinsky: Helmut Melchert, Surin: Ivan Sardi, Tschaplitzki: Cornelis van Dijk, Narumow: Josef Becker, Gräfin: Martha Mödl, Lisa: Pilar Lorengar, Pauline: Ilse Gramatzki, Gouvernante: Kaja Borris, Mascha: Yoko Nomura

STAATSOPER WIEN

1978/79

Schwester Angelica, Giacomo Puccini
Dirigent: Gerd Albrecht
Inszenierung: Otto Schenk
Bühnenbild: Rolf Glittenberg
Kostüme: Milena Canonero
Angelica: Pilar Lorengar, Fürstin: Kerstin Meyer, Äbtissin: Margarethe Bence, Genoveva: Olivera Miljakovic, Dolcina: Maria Venuti, Lehrmeisterin: Czeslawa Slania, Almosensucherinnen: Silvia Herman, Margareta Hintermeier, Eifrerin: Axelle Gall, Novizinnen: Elfriede Höbarth, Irmgard Röschnar

1979/80

Falstaff, Giuseppe Verdi
Dirigent: Sir Georg Solti
Inszenierung/Bühnenbild/Kostüme: Filippo Sanjust
Chöre: Norbert Balatsch
Falstaff: Guillermo Saràbia, Ford: Bernd Weikl, Fenton: Yordi Ramiro, Cajus: Heinz Zednik, Bardolfo: Wilfried Gahmlich, Pistola: Rudolf Mazzola, Alice: Pilar Lorengar, Nannetta: Sona Ghazarian, Meg Page: Alexandrina Miltschewa, Quickly: Christa Ludwig

ROYAL OPERA HOUSE COVENT GARDEN, London

1962/63

Don Giovanni, Wolfgang Amadeus Mozart
Dirigent: Josef Krips
Inszenierung/Bühnenbild/Kostüme:
Franco Zeffirelli
Chöre: Douglas Robinson
Giovanni: Tito Gobbi, Komtur: David Ward, Anna: Pilar Lorengar, Ottavio: André Turp, Elvira: Ilva Ligabue, Leporello: Geraint Evans, Masetto: Robert Savoie, Zerlina: Mirella Freni

1967/68

Così fan tutte, Wolfgang Amadeus Mozart
Fernsehübertragung
Dirigent: Sir Georg Solti
Inszenierung: John Copley
Bühnenbild: Henry Bardon
Kostüme: David Walker
Chöre: Douglas Robinson
Fiordiligi: Pilar Lorengar, Dorabella: Josephine Veasey, Guglielmo: Wladimiro Ganzarolli, Ferrando: Donald Grobe, Despina: Lucia Popp, Alfonso: Kieth Engen

1968/69

Orpheus und Eurydike, Christoph Willibald Gluck
Dirigent: Sir Georg Solti
Inszenierung: John Copley
Bühnenbild/Kostüme: Philip Prowse
Chöre: Douglas Robinson
Choreographie: Geoffrey Cauley
Orpheus: Yvonne Minton, Eurydike: Pilar Lorengar, Amor: Elizabeth Robson

1977/78

Falstaff, Giuseppe Verdi
Dirigent: Sir Georg Solti
Inszenierung/Bühnenbild/Kostüme:
Franco Zeffirelli
Chöre: John Bacon
Falstaff: Geraint Evans, Ford: Richard Stilwell, Fenton: Ryland Davies, Cajus: John Lanigan, Bardolfo: Paul Crook, Pistola: Michael Langdon, Alice: Pilar Lorengar, Nannetta: Norma Burrowes, Meg Page: Anne Howells / Gillian Knight, Quickly: Marta Szirmay

REGGIO EMILIA TEATRO MUNICIPALE, Parma

1957/58

Carmen, Georges Bizet
Dirigent: Franco Ghione
Don José: Franco Corelli, Escamillo: Ettore Bastianini, Carmen: Fedora Barbieri, Micaëla: Pilar Lorengar

TEATRO ALLA SCALA, Mailand

1963/64

Die Hochzeit des Figaro,
Wolfgang Amadeus Mozart
Dirigent: Hermann Scherchen
Inszenierung: Jean Vilar
Bühnenbild: Nicola Benois
Kostüme: Leon Gischia
Chöre: Roberto Benaglio
Almaviva: Sesto Bruscantini, Gräfin: Pilar Lorengar, Susanna: Mirella Freni, Cherubino: Fiorenza Cossotto, Figaro: Wladimiro Ganzarolli, Marcellina: Eugenia Ratti, Bartolo: Giorgio Tadeo, Basilio: Piero di Palma, Curzio: Angelo Mercuriali, Antonio: Franco Calabrese, Barbarina: Giuliana Tavolaccini

1965/66

Olimpia, Gaspare Spontini
Dirigent: Francesco Molinari-Pradelli
Inszenierung: Raymond Rouleau
Bühnenbild/Kostüme: Piero Zuffi
Chöre: Roberto Benaglio
Choreographie: Mario Pistoni
Olimpia: Pilar Lorengar, Statira: Fiorenza Cossotto, Cassandro: Franco Tagliavini, Antigono: Giangiacomo Guelfi, Erma: Silvio Maionica, Priester: Alfredo Giacomotti
Jerofante: Nicola Zaccaria

1965/66

Don Giovanni, Wolfgang Amadeus Mozart
Dirigent: Lorin Maazel
Inszenierung: Luigi Squarzina
Bühnenbild: René Allio
Giovanni: Nicolai Ghiaurov, Komtur: Antonio Zerbini, Anna: Joan Sutherland, Ottavio: Luigi Alva, Elvira: Pilar Lorengar, Leporello: Wladimiro Ganzarolli, Masetto: Mario Borriello, Zerlina: Mirella Freni

LE THÉATRE ROYAL DE LA MONNAIE, Brüssel

1960/61

Die Zauberflöte, Wolfgang Amadeus Mozart
Dirigent: André Vandernoot
Inszenierung: Jean Marc Landier
Bühnenbild/Kostüme: Thierry Bosquet
Chöre: Jules Vincent
Sarastro: Ernst Wiemann/Félix Gibanda, Sprecher: Maurice De Groote, Geharnischte: Paul Kuen, Freddy Paul, Knaben: Wiener Sängerknaben, Tamino: Louis Devos, Königin der Nacht: Claudine Arnaud, Pamina: Pilar Lorengar, Damen: Elisabeth Schwarzenberg, Diane Lange, Gilberte Danlée, Papageno: Benno Kusche, Papagena: Hanny Steffek, Monostatos: Paul Kuen

1962/63

Così fan tutte, Wolfgang Amadeus Mozart
Dirigent: Dimitri Chorafas
Inszenierung: Jean-Marc Landier
Bühnenbild/Kostüme: Thierry Bosquet
Chöre: Jules Vincent
Fiordiligi: Pilar Lorengar, Dorabella: Anna Reynolds, Guglielmo: George Fortune/Michel Ferrer, Ferrando: Mario Spina, Despina: Alberta Valentini, Alfonso: Carlos Feller

1962/63

Don Giovanni, Wolfgang Amadeus Mozart
Dirigent: André Vandernoot
Inszenierung: Jean-Marc Landier
Bühnenbild/Kostüme: Thierry Bosquet
Chöre: Jules Vincent
Giovanni: György Melis, Komtur: Frederick Guthrie, Anna: Pilar Lorengar, Ottavio: Ernst Haefliger, Elvira: Luisa Bosabalian, Leporello: Benno Kusche, Masetto: Armand Battel, Zerlina: Hanny Steffek

THÉATRE MUNICIPAL DE STRASBOURG

1961/62

Die Zauberflöte, Wolfgang Amadeus Mozart
Dirigent: Ernest Bour
Inszenierung: Victor Vigneron
Bühnenbild/Kostüme: Michel Crochot
Chöre: Pierre Stoll
Sarastro: Otto von Rohr, Sprecher: Manfred Röhrl, Priester: John Reynolds, Christian Wolf, Geharnischte: John Reynolds, Christian Wolf, Knaben: Herma Oed, Brigitte Koeberlin, Ruth Rohner, Tamino: Fritz Wunderlich, Königin der Nacht: Eva Maria Rogner, Pamina: Pilar Lorengar, Damen: Liselotte Rebmann, Renate Gutmann, Susanne Muser, Papagena: Doris Lorenz, Monostatos: Willy Muller

OPÉRA DE NICE

1963

Die Meistersinger von Nürnberg, Richard Wagner
Dirigent: Jean Perisson
Inszenierung: Pierre Medecin
Bühnenbild/Kostüme: Wladimir Jedrinsky
Choreographie: Françoise Adret
Sachs: Gustav Neidlinger, Pogner: Mino Yahia, Vogelsang: Stephan Schwer, Nachtigall: Jupp Vetter, Beckmesser: Toni Blankenheim, Kothner: Carlo Silverio, Zorn: Klaus Franke, Eißlinger: Hugo Kratz, Moser: Alo Walbeck, Ortel: Hanno Daum, Schwarz: Wolm Schmieding, Foltz: Julius Pierre, Stolzing: Wolfgang Windgassen, David: Herold Kraus, Eva: Pilar Lorengar, Magdalene: Helga Jenckel, Nachtwächter: Karl Bremser

SAN FRANCISCO

1964

Carmen, Georges Bizet
Dirigent: Ferdinand Leitner
Inszenierung: Dino Yannopoulos
Bühnenbild/Kostüme: Howard Bay
Chöre: Vincenzo Giannini
Zuniga: John West, José: Jon Vickers / Richard Martell, Morales: Daniel McCaughna, Escamillo: Joshua Hecht, Dancairo: Howard Fried, Remendado: Raymond Manton, Carmen: Regina Resnik, Frasquita: Carol Todd, Mercedes: Janis Martin, Micaëla: Pilar Lorengar

Die Hochzeit des Figaro,
Wolfgang Amadeus Mozart
Premiere
Dirigent: Ferdinand Leitner
Inszenierung: Paul Hager
Bühnenbild: Leni Bauer-Ecsy
Kostüme: Thomas Colangeo
Chöre: Vincenzo Giannini
Almaviva: Eberhard Waechter, Gräfin: Pilar Lorengar, Susanna: Reri Grist, Cherubino: Lee Venora, Figaro: Geraint Evans, Marcellina: Erika Wien, Bartolo: Andrew Foldi, Basilio: Howard Fried, Curzio: Raymond Manton, Antonio Pietro Menci, Barbarina: Gwen Curatilo

Otello, Giuseppe Verdi
Opening night
Dirigent: Francesco Molinari-Pradelli
Inszenierung: Dino Yannopoulos
Bühnenbild/Fundus/Kostüme: Goldstein & Co
Chöre: Vincenzo Giannini
Otello: James MacCracken, Jago: Tito Gobbi, Cassio: Glade Peterson, Rodrigo: Richard Riffel, Lodovico: Pietro Menci, Montano: Daniel McCaughna, Herold: David Giosso, Desdemona: Pilar Lorengar, Emilia: Janis Martin

Turandot, Giacomo Puccini
Dirigent: Francesco Molinari-Pradelli
Inszenierung: Lotfi Mansouri
Bühnenbild: Harry Horner
Kostüme: Goldstein & Co
Chöre: Vincenzo Giannini
Turandot: Birgit Nilsson, Altoum: Howard Fried, Timur: Giorgio Tozzi, Kalaf: Franco Tagliavini, Liu: Pilar Lorengar, Ping: Raymond Wolansky, Pang: Raymond Manton, Pong: André Montal, Mandarin: John West, Perserprinz: Robert Glover

1965

Die Meistersinger von Nürnberg, Richard Wagner
Dirigent: Leopold Ludwig
Inszenierung: Paul Hager
Bühnenbild: Wolfram Skalicki
Kostüme: Davis West
Chöre: Vincenzo Giannini
Sachs: Heinz Imdahl, Pogner: Thomas O'Leary, Vogelsang: William Whitesides, Nachtigall: Richard Fredricks, Beckmesser: Toni Blankenheim, Kothner: Chester Ludgin, Zorn: Robert Glover, Eißlinger: Raymond Manton, Moser: Howard Fried, Ortel: Adib Fazah, Schwarz: Joshua Hecht, Foltz: John West, Stolzing: Jess Thomas, David: Alexander Young, Eva: Pilar Lorengar, Magdalene: Claramae Turner, Nachtwächter: Andrew Foldi

Pelléas und Mélisande, Claude Debussy
Dirigent: Jean Martinon
Inszenierung: Paul Hager
Bühnenbild/Kostüme: Wolfram Skalicki / Davis L. West
Chöre: Vincenzo Giannini
Arkel: Thomas O'Leary, Genoveva: Claramae Turner, Pelléas: André Jobin, Golo: Thomas Stewart, Mélisande: Pilar Lorengar, Yniold: Lucille Kailer, Arzt: John West

Don Giovanni, Wolfgang Amadeus Mozart
Dirigent: Francesco Molinari-Pradelli
Inszenierung: Paul Hager
Bühnenbild: Oliver Smith
Kostüme: Wolfram Skalicki
Chöre: Vincenzo Giannini
Giovanni: Thomas Stewart, Komtur: Thomas O'Leary, Anna: Pilar Lorengar, Octavio: Richard Lewis, Elvira: Lucine Amara, Leporello: Heinz Blankenburg, Masetto: John West, Zerlina: Jolanda Meneguzzer

1974

Otello, Giuseppe Verdi
Opening night
Dirigent: Jesus Lopez Cobos
Bühnenbild/Kostüme: Jean Pierre Ponnelle
Chöre: Byron Dean Ryan
Otello: James King, Jago: Wassili Janulako, Cassio: John Walker, Rodrigo: Gary Burgess, Lodovico: Clifford Grant, Montano: Lawrence Cooper, Herold: James Courtney, Desdemona: Pilar Lorengar, Emilia: Sheila Nadler

1974

Madame Butterfly, Giacomo Puccini
Dirigent: Kurt Herbert Adler
Inszenierung: Ghita Hager
Bühnenbild/Kostüme: Toni Businger
Chöre: Byron Dean Ryan
Cio-Cio-Sun: Pilar Lorengar, Suzuki: Sandra Walker, Kate Linkerton: Janice Felty, Linkerton: Sandor Konya, Sharpless: Frank Guarrera, Goro: Joseph Frank, Yamadori: Lawrence Cooper, Onkel Bonze: Philip Booth, Kommissar John Miller, Standesbeamter: Colin Harvey

1979

Così fan tutte, Wolfgang Amadeus Mozart
Premiere, Rundfunkübertragung
Dirigent: John Pritchard
Inszenierung/Bühnenbild/Kostüme:
Jean Pierre Ponnelle
Chöre: Richard Bradshaw
Fiordiligi: Pilar Lorengar, Dorabella: Anne Howells, Guglielmo: Dale Duesing, Ferrando: Michael Cousins, Despina: Danielle Perriers, Alfonso: Thomas Stewart

1982

Lohengrin, Richard Wagner
Premiere
Dirigent: Heinrich Hollreiser
Inszenierung: Wolfgang Weber
Bühnenbild/Kostüme: Beni Montresor
Chöre: Richard Bradshaw
Heinrich der Vogler: David Ward, Lohengrin: Peter Hofmann, Elsa: Pilar Lorengar, Telramund: Hermann Becht, Ortrud: Leonie Rysanek, Heerrufer: Thomas Woodman

1983

Così fan tutte, Wolfgang Amadeus Mozart
Vgl. 1979
Summer Festival
Dirigent: Andrew Meltzer
Fiordiligi: Pilar Lorengar, Dorabella: Tatiana Troyanos, Guglielmo: Tom Krause, Ferrando: Gösta Winbergh, Despina: Ruth Ann Swenson, Alfonso: Geraint Evans

METROPOLITAN OPERA, New York

1965/66

Don Giovanni, Wolfgang Amadeus Mozart
Dirigent: Joseph Rosenstock
Inszenierung: Herbert Graf
Bühnenbild/Kostüme: Eugene Bermann
Chöre: Kurt Adler
Choreographie: Zachary Solov
Giovanni: Cesare Siepi, Komtur: Justino Diaz, Anna: Ingrid Bjoner, Ottavio: Jan Peerce, Elvira: Pilar Lorengar, Leporello: Elfego Esparza, Masetto: Theodor Uppmann, Zerlina: Rosalind Elias

Falstaff, Giuseppe Verdi
Dirigent: Joseph Rosenstock
Inszenierung/Bühnenbild: Franco Zeffirelli
Chöre: Kurt Adler
Falstaff: Tito Gobbi, Ford: Thomas Stewart, Fenton: Luigi Alva, Cajus: Mariano Caruso, Bardolfo: Andrea Velis, Pistola: Norman Scott, Alice: Pilar Lorengar, Nannetta: Judith Raskin, Meg Page: Mildred Miller, Quickly: Lili Chookasian

1966/67

Die Zauberflöte, Wolfgang Amadeus Mozart
Premiere
Dirigent: Josef Krips
Inszenierung: Günther Rennert
Bühnenbild/Kostüme: Marc Chagall
Chöre: Kurt Adler
Sarastro: Jerome Hines / John Macurdy, Sprecher: Walter Cassel, Priester: Robert Schmorr, Russell Christopher, Geharnischte: Paul Franke, Raymond Michalski, Knaben: Kevin Leftwich, Peter Herzberg, John Bogart, Tamino: Nicolai Gedda, Königin der Nacht: Lucia Popp / Roberta Peters, Pamina: Pilar Lorengar / Judith Blegen, Damen: Mary Ellen Pracht, Shirley Love, Nedda Casei, Papageno: Hermann Prey / Theodor Uppmann, Papagena: Loretta di Franco, Monostatos: Andrea Velis

Don Giovanni, Wolfgang Amadeus Mozart
Vgl. 1965/66
Dirigent: Karl Böhm
Giovanni: Cesare Siepi, Komtur: Bonaldo Giaiotti, Anna: Joan Sutherland, Ottavio: Nicolai Gedda, Elvira: Pilar Lorengar, Leporello: Ezio Flagello, Masetto: Theodor Uppmann, Zerlina: Laurel Hurley

1967/68

Falstaff, Giuseppe Verdi
Vgl. 1965/66
Dirigent: Bruno Amaducci
Falstaff: Anselmo Colzani, Ford: Frank Guarrera,
Fenton: Luigi Alva, Cajus: Mariano Caruso,
Bardolfo: Andrea Velis, Pistola: Norman Scott,
Alice: Pilar Lorengar, Nannetta: Judith Raskin,
Meg Page: Marcia Baldwin, Quickly: Fedora
Barbieri

La Traviata, Giuseppe Verdi
Dirigent: Fausto Cleva
Inszenierung: Alfred Lunt
Bühnenbild/Kostüme: Cecil Beaton
Chöre: Kurt Adler
Choreographie: John Butler
Violetta: Pilar Lorengar, Flora: Nancy Williams,
Annina: Loretta di Franco, Alfredo: Luigi Alva,
Georg Germont: Sherill Milnes, Létorières: Charles
Anthony, Douphal: Robert Goodloe, Obigny:
Gene Boucher, Grenvil: Louis Sgarro, Joseph: Lou
Marcella, Kommissionär: Peter Sliker

Die Zauberflöte, Wolfgang Amadeus Mozart
Vgl. 1966/67
Dirigent: Joseph Rosenstock
Sarastro: Bonaldo Giaiotti, Sprecher: Morley
Meredith, Priester: Gabor Carelli, Russell
Christopher, Geharnischte: Robert Nagy, Paul
Plishka, Knaben: Kevin Leftwich, David Johnson,
John Bogart, Tamino: George Shirley, Königin der
Nacht: Christina Deutekom, Pamina: Pilar
Lorengar, Damen: Clarice Carson, Shirley Love,
Nedda Casei, Papageno: Theodor Uppmann,
Papagena: Patricia Welting, Monostatos: Paul
Franke

1967/68

Die Hochzeit des Figaro,
Wolfgang Amadeus Mozart
Dirigent: Joseph Rosenstock
Inszenierung: Cyril Ritchard
Bühnenbild/Kostüme: Oliver Messel
Chöre: Kurt Adler
Choreographie: John Butler
Almaviva: Tom Krause / William Dooley, Gräfin:
Pilar Lorengar, Susanna: Mirella Freni, Cherubino:
Teresa Berganza / Teresa Stratas / Marcia Baldwin,
Figaro: Cesare Siepi / Justino Diaz / Giorgio Tozzi,
Marcellina: Nancy Williams, Bartolo: Fernando
Corena, Basilio: Paul Franke, Curzio: Gabor
Carelli, Antonio: Lorenzo Alvary, Barbarina:
Loretta di Franco

1968/69

Madame Butterfly, Giacomo Puccini
Dirigent: Francesco Molinari-Pradelli /
George Schick / Jan Behr
Inszenierung: Voshio Aoyama
Bühnenbild/Kostüme: Motohiro Nagasaka
Chöre: Kurt Adler
Cio-Cio-San: Pilar Lorengar, Suzuki: Nedda
Casei, Kate Linkerton: Louise Pearl, Linkerton:
Sandor Konya / John Alexander / George Shirley,
Sharpless: Mario Sereni, Goro: Paul Franke,
Yamadori: Russell Christopher

Die Meistersinger von Nürnberg, Richard Wagner
Dirigent: Joseph Rosenstock
Inszenierung: Nathaniel Merrill
Bühnenbild/Kostüme: Robert O'Hearn
Chöre: Kurt Adler
Choreographie: Todd Bolender
Sachs: Giorgio Tozzi, Pogner: Ernst Wiemann,
Vogelsang: William Cochran, Nachtigall: Robert
Goodloe, Beckmesser: Karl Dönch, Kothner:
William Walker, Zorn: Andrea Velis, Eißlinger:
Rod MacWherter, Moser: Gabor Carelli, Ortel:
Russell Christopher, Schwarz: Lorenzo Alvany,
Foltz: Louis Sgarro, Stolzing: John Alexander,
David: Loren Driscoll, Eva: Pilar Lorengar,
Magdalene: Mildred Miller, Nachtwächter: Louis
Sgarro

Faust, Charles Gounod
Dirigent: Silvio Varviso
Inszenierung: Jean-Louis Barrault
Bühnenbild/Kostüme: Jacques Dupont
Chöre: Kurt Adler
Choreographie: Flemming Flindt
Faust: Nicolai Gedda / John Alexander, Mephisto:
Cesare Siepi / Justino Diaz, Valentin: Robert
Merrill / William Walker, Wagner: Russell
Christopher, Siebel: Marcia Baldwin, Margarethe:
Pilar Lorengar, Marthe: Shirley Love

1970

Turandot, Giacomo Puccini
June Festival
Dirigent: Kurt Adler
Inszenierung: Nathaniel Merrill
Bühnenbild/Kostüme: Cecil Beaton
Chöre: David Stivender
Choreographie: Mattlyn Gavers
Turandot: Elinor Ross, Altoum: Robert Schmorr,
Timur: Raymond Michalski, Kalaf: Franco Corelli,
Liu: Pilar Lorengar, Ping: Theodor Uppmann,

Pang: Andrea Velis, Pong: Charles Anthony, Mandarin: Robert Goodloe

La Traviata, Giuseppe Verdi
Vgl. 1967/68
Dirigent: Francesco Molinari-Pradelli
Violetta: Pilar Lorengar, Flora: Frederica von Stade, Annina: Lorretta di Franco, Alfredo: Carlo Bergonzi, Georg Germont: Robert Merrill, Létorières: Charles Anthony, Douphal: Robert Goodloe, Obigny: Gene Boucher, Grenvil: Edmond Karlsrud, Joseph: Roland Miles, Kommissionär: Peter Sliker

Carmen, Georges Bizet
Dirigent: Jean Morel
Inszenierung: Jean-Louis Barrault
Bühnenbild/Kostüme: Jacques Dupont
Chöre: Kurt Adler
Choreographie: Lele de Triana
Zuniga: Morley Meredith, José: Sandor Konya, Morales: Raymond Gibbs, Escamillo: Robert Merrill, Dancairo: Gene Boucher, Remendado: Robert Schmorr, Carmen: Regina Resnik, Frasquita: Judith de Paul, Mercedes: Judith Forst, Micaëla: Pilar Lorengar

Die Hochzeit des Figaro,
Wolfgang Amadeus Mozart
Vgl. 1967/68
Dirigent: Martin Rich
Almaviva: William Dooley, Gräfin: Pilar Lorengar, Susanna: Judith Raskin, Cherubino: Rosalind Elias, Figaro: Giorgio Tozzi, Marcellina: Nedda Casei, Bartolo: Fernando Corena, Basilio: Paul Franke, Curzio: Gabor Carelli, Antonio: Lorenzo Alvary, Barbarina: Lorretta di Franco

1970/71
Hoffmanns Erzählungen, Jacques Offenbach
Premiere
Dirigent: Serge Baudo
Inszenierung und Choreographie: Cyril Ritchard
Bühnenbild/Kostüme: Rolf Gérard
Chöre: Kurt Adler
Hoffmann: Nicolai Gedda, Niklaus: Frederica von Stade, Olympia: Colette Boky, Giulietta: Rosalind Elias, Antonia: Pilar Lorengar, Andreas/Cochenille/Pitichinaccio/Franz: Andrea Velis, Lindorf/Coppelius/Dapertutto/Dr. Mirakel: Gabriel Bacquier, Spalanzini: Paul Franke, Nathanael: Leo Goeke, Crespel: Paul Plishka, Lutter: Richard Best, Hermann: Gene Boucher, Schlemihl: Clifford Harvuot, Stimme: Batyak Godfrey

Madame Butterfly, Giacomo Puccini
Vgl. 1968/69, Rundfunkübertragung
Dirigent: Carlo Franci / Serge Baudo
Cio-Cio-San: Pilar Lorengar, Suzuki: Frederica von Stade / Jean Kraft / Mildred Miller, Kate Linkerton: Ivanka Myhal / Carlotta Ordassy, Linkerton: Enrico Di Giuseppe / Sándor Kónya / George Shirley, Sharpless: Frank Guarrara / Robert Goodloe, Goro: Robert Schmorr, Yamadori: Russell Christopher / Gene Boucher, Onkel Bonze: Edmund Karlsrud

Carmen, Georges Bizet
Vgl. 1970
Dirigent: Ignace Strasfogel
Zuniga: James Morris, José: Jon Vickers, Morales: Robert Goodloe, Escamillo: Robert Merrill, Dancairo: Gene Boucher, Remendado: Andrea Velis, Carmen: Ruza Baldani, Frasquita: Judith de Paul, Mercedes: Frederica von Stade, Micaëla: Pilar Lorengar

1971/72
Die Hochzeit des Figaro,
Wolfgang Amadeus Mozart
Vgl. 1967/68
Dirigent: Karl Böhm
Almaviva: Thomas Stewart, Gräfin: Pilar Lorengar, Susanna: Jeannette Pilou, Cherubino: Evelyn Lear, Figaro: Justino Diaz, Marcellina: Jean Kraft, Bartolo: Paul Franke, Curzio: Gabor Carelli, Antonio: Lorenzo Alvary, Barbarina: Lorretta di Franco

1971/72
Die Meistersinger von Nürnberg, Richard Wagner
Rundfunkübertragung
Vgl. 1968/69
Dirigent: Thomas Schippers
Sachs: Giorgio Tozzi / Theo Adam, Pogner: Ezio Flagello, Vogelsang: Charles Anthony, Nachtigall: Robert Goodloe, Beckmesser: Benno Kusche, Kothner: Donald Gramm, Zorn: Robert Schmorr, Eißlinger: Rod MacWhester, Moser: Gabor Carelli, Ortel: Russell Christopher, Schwarz: James Morris, Foltz: Louis Sgarro, Stolzing: James King, David: Loren Driscoll, Eva: Pilar Lorengar, Magdalene: Shirley Love, Nachtwächter: Clifford Harvuot

1971/72

Der Freischütz, Carl Maria von Weber
Premiere
Dirigent: Leopold Ludwig
Inszenierung/Bühnenbild/Kostüme:
Rudolf Heinrich
Chöre: Kurt Adler
Ottokar: Rod MacWherter, Kuno: Edmond Karlsrud, Agathe: Pilar Lorengar, Ännchen: Edith Mathis, Kaspar: Gerd Feldhoff, Max: Sandor Konya, Eremit: John Macurdy, Kilian: Andrij Dobriansky, Samiel: Michael Ebert

1972/73

Don Giovanni, Wolfgang Amadeus Mozart
Vgl. 1965/66
Dirigent: Peter Maag
Giovanni: Cesare Siepi, Komtur: John Macurdy, Anna: Edda Moser, Ottavio: George Shirley, Elvira: Pilar Lorengar, Leporello: Ezio Flagello, Masetto: Theodor Uppmann, Zerlina: Rosalind Elias

La Traviata, Giuseppe Verdi
Vgl. 1967/68
Dirigent: Francesco Molinari-Pradelli
Violetta: Pilar Lorengar, Flora: Jean Kraft, Annina: Betsy Norden, Alfredo: Leo Goeke, Georg Germont: Cornell Mac Neil, Létorières: Charles Anthony, Douphal: Robert Goodloe, Obigny: Gene Boucher, Grenvil: Louis Sgarro, Joseph: Luigi Marcella, Kommissionär: Paul de Paola

1973

La Bohème, Giaccomo Puccini
June Festival
Dirigent: Henry Lewis
Inszenierung: Patrick Tavernia
Bühnenbild/Kostüme: Rolf Gérard
Chöre: Kurt Adler
Rodolfo: Luciano Pavarotti, Schaunard: Robert Goodloe, Marcello: Mario Sereni, Colline: Jerome Hines, Benoit: Andrea Velis, Mimi: Pilar Lorengar, Musetta: Colette Boky, Parpignol: William Mellow, Alcindoro: Nico Castel, Sergeant: Frank Coffey

Otello, Giuseppe Verdi
Dirigent: James Levine
Inszenierung/Bühnenbild: Franco Zeffirelli
Kostüme: Peter Hall
Chöre: Kurt Adler
Otello: Jon Vickers, Jago: Louis Quilico, Cassio: Leo Goeke, Rodrigo: Andrea Velis, Lodovico: James Morris, Montano: Robert Goodloe, Herold: Gene Boucher, Desdemona: Pilar Lorengar, Emilia: Jean Kraft

1976/77

Lohengrin, Richard Wagner
Premiere
Dirigent: James Levine
Inszenierung: August Everding
Bühnenbild: Ming Cho Lee
Kostüme: Peter J. Hall
Chöre: David Stivender
Heinrich: Bonaldo Giaiotti / John Macurdy, Lohengrin: René Kollo / John Alexander, Elsa: Pilar Lorengar, Telramund: Donald McIntyre / Morley Meredith, Ortrud: Mignon Dunn, Heerrufer: Allan Monk / Arthur Thompson, Vier brabantische Edle: Robert Goodloe, Andrea Velis, Philip Booth, Charles Anthony

1982

Cosi fan tutte, Wolfgang Amadeus Mozart
Rundfunkübertragung
Dirigent: James Levine
Inszenierung: Colin Graham
Bühnenbild: Hayden Griffin
Kostüme: Deirdre Clancy
Chöre: David Stivender
Fiordiligi: Pilar Lorengar, Dorabella: Maria Ewing, Guglielmo: Lenus Carlson, Ferrando: David Rendall, Despina: Kathleen Battle, Alfonso: Donald Gramm

PHILADELPHIA LYRIC OPERA COMPANY

1967/68

Faust, Charles Gounod
Dirigent: Anton Guadagno
Inszenierung: Nathaniel Merrill
Chöre: Roland Fiore
Choreographie: Thomas Andrew
Faust: Alfredo Kraus, Mephisto: Nicolai Ghiaurov, Valentin: Franco Iglesias, Wagner: John Darrenkamp, Siebel: Nancy Nicks, Margarethe: Pilar Lorengar, Marthe: Charlotte Povia

LYRIC OPERA OF CHICAGO

1971

Don Carlos, Giuseppe Verdi
Dirigent: Bruno Bartoletti
Inszenierung: Lotfi Mansouri

Bühnenbild/Kostüme: Robert Darling
Chöre: Michael Lepore
Philipp II.: Nicolai Ghiaurov, Elisabeth: Pilar Lorengar, Carlos: Carlo Cossutta, Eboli: Fiorenza Cossotto, Aremberg: Paula Payne, Posa: Sherrill Milnes, Lerma: Leonard Johnson, Tebaldo: Sylvia Cooper, Herold: David Astor, Großinquisitor: Hans Sotin, Mönch: Simon Estes, Stimme: Gloria Cutsforth

GREATER MIAMI INTERNATIONAL OPERA
1978
Falstaff, Giuseppe Verdi
Dirigent: Emerson Buckley
Inszenierung: Nathaniel Merrill
Bühnenbild: Nicola Benois
Kostüme: Suzanne Mess
Chöre: Gary Berkson
Falstaff: Donald Gramm, Ford: Lenus Carlson, Fenton: John Brecknock, Cajus: Nico Castel, Bardolfo: Charles Anthony, Pistola: Don Yule, Alice: Pilar Lorengar, Nannetta: Rebecca Roberts, Meg Page: Theresa Treadway, Quickly: Regina Resnik

OPERA COLORADO, Denver
1983
Otello, Giuseppe Verdi
Dirigent: Arego Quadri
Inszenierung: Nathaniel Merrill
Bühnenbild: Toni Businger
Kostüme: Richard Lorain
Chöre: Louise Sherman
Otello: James McCracken, Jago: Silvano Carroli, Cassio: Walter MacNeil, Rodrigo: David Romano, Lodovico: Eric Halfvarson, Montano: Stephen West, Herold: Robin White, Desdemona: Pilar Lorengar, Emilia: Cynthia Munzer

TEATRO COLON, Buenos Aires
1958/59
Die Zauberflöte, Wolfgang Amadeus Mozart
Dirigent: Sir Thomas Beecham
Inszenierung: Otto Ehrhardt
Sarastro: Arnold van Mill, Sprecher: Paul Schöffler, Tamino: Anton Dermota, Königin der Nacht: Rita Streich, Pamina: Pilar Lorengar, Papageno: Walter Berry, Papagena: Olga Chelavine

THE ISRAEL PHILHARMONIC ORCHESTRA, Tel Aviv
1963/64
Don Giovanni, Wolfgang Amadeus Mozart
Dirigent: Carlo Maria Giulini
Inszenierung: Maurice Sarrazin
Bühnenbild: Francois Ganeau
Kostüme: Royal Opera House London
Chöre: Rinat-Chor
Giovanni: Renato Capecchi, Komtur: Agostino Ferrin, Anna: Pilar Lorengar, Ottavio: Pietro Bottazzo, Elvira: Laura Londi, Leporello: Paolo Montarsolo, Masetto: Walter Monachesi, Zerlina: Renee Corenne

1965
Otello, Giuseppe Verdi
Dirigent: Istvan Kertesz
Inszenierung: Arno Assmann
Bühnenbild/Kostüme: Hans-Ulrich Schmueckle
Chöre: Joseph Friedland
Otello: James McCracken / Albert Da Costa, Jago: Robert Merrill / Camillo Meghor, Cassio: William McAlpine, Rodrigo: Haim Buimovia, Lodovico: Mark Elyn, Montano: Ino Toper, Herold: Ino Toper, Desdemona: Pilar Lorengar, Emilia: Erika Wien

GLYNDEBOURNE FESTIVAL
1956
Die Zauberflöte, Wolfgang Amadeus Mozart
Dirigent: Vittorio Gui
Inszenierung: Carl Ebert
Bühnenbild/Kostüme: Oliver Messel
Sarastro: Frederick Guthrie, Sprecher: Thomas Hemsley, Priester/Geharnischte: John Carolan, David Kelly, Knaben: Belva Borodisky, Jeannette Sinclair, Vera Kinrade, Tamino: Ernst Haefliger, Königin der Nacht: Mattiwilda Dobbs, Pamina: Pilar Lorengar, Damen: Joan Sutherland, Cora Canne-Meijer, Monica Sinclair, Papageno: Geraint Evans, Papagena: Maureen Springer / Naida Labay, Monostatos: Kevin Miller

1957
Die Zauberflöte, Wolfgang Amadeus Mozart
Vgl. 1956
Dirigent: Paul Sacher / Peter Gellhorn
Sarastro: Mihaly Szekely, Sprecher: Thomas Hemsley / Walter Hertner, Priester/Geharnischte: John Carolan, James Atkins, Knaben: Belva Borodisky, Jeannette Sinclair, Helen Watts,

Tamino: David Lloyd, Königin der Nacht: Margareta Hallin, Pamina: Pilar Lorengar, Damen: Heather Harper, Nancy Evans, Monica Sinclair, Papageno: Geraint Evans / Heinz Blankenburg, Papagena: Rosl Schwaiger / Naida Labay

Ariadne auf Naxos, Richard Strauss
Dirigent: John Pritchard
Inszenierung: Carl Ebert
Bühnenbild/Kostüme: Oliver Messel
Komponist: Elisabeth Söderström, Musiklehrer: Thomas Hemsley, Tanzmeister: Hugues Cuenod, Zerbinetta: Mimi Coertse / Sari Barabas, Ariadne: Lucine Amara, Harlekin: Heinz Blankenburg, Scaramuccio: Kevin Miller, Truffaldin: Peter Lagger, Brighella: Edward Byles, Najade: Rosl Schwaiger, Dryade: Monica Sinclair, Echo: Pilar Lorengar, Bacchus: David Lloyd

1958

Die Hochzeit des Figaro,
Wolfgang Amadeus Mozart
Dirigent: Hans Schmidt-Isserstedt
Inszenierung: Carl Ebert
Bühnenbild/Kostüme: Oliver Messel
Almaviva: Michel Roux, Gräfin: Pilar Lorengar, Susanna: Graziella Sciutti, Cherubino: Teresa Berganza / Josephine Veasey, Figaro: Geraint Evans, Marcellina: Monica Sinclair, Bartolo: Mihaly Szekely, Basilio: Hugues Cuenod, Curzio: John Kentish, Antonio: Gwyn Griffiths, Barbarina: Mary Illing

Ariadne auf Naxos, Richard Strauss
Vgl. 1957
Komponist: Helga Pilarczyk, Musiklehrer: Geraint Evans, Zerbinetta: Rita Streich, Scaramuccio: John Kentish, Truffaldin: John Holines, Brighella: Duncan Robertson, Najade: Jacqueline Delman, Echo: Pilar Lorengar, Bacchus: Richard Lewis

1959

Die Hochzeit des Figaro,
Wolfgang Amadeus Mozart
Vgl. 1958
Dirigent: Peter Maag
Gräfin: Pilar Lorengar, Susanna: Elisabeth Söderström, Cherubino: Josephine Veasey, Figaro: Carlos Feller / Geraint Evans, Marcellina: Johanna Peters

1960

Die Zauberflöte, Wolfgang Amadeus Mozart
Vgl. 1956
Dirigent: Colin Davis
Inszenierung: Carl Ebert / Anthony Besch
Sarastro: Mihaly Szekely, Sprecher: Carlos Feller, Priester/Geharnischte: James Conrad, David Read, Knaben: Emily Maire, Elizabeth Harwood, Theresia Bester, Tamino: Richard Lewis, Königin der Nacht: Margareta Hallin, Pamina: Pilar Lorengar, Damen: Heather Harper, Katherine Wilson, Monica Sinclair, Papageno: Geraint Evans, Papagena: Dodi Protero, Monostatos: Gwyn Griffiths

SALZBURGER FESTSPIELE

1961/1962

Idomeneo, Wolfgang Amadeus Mozart
Dirigent: Ferenc Fricsay (Peter Maag)
Inszenierung: Paul Hager
Bühnenbild: Stefan Hlawa
Kostüme: Charlotte Flemming
Choreographie: Heinz Rosen
Idomeneo: Waldemar Kmentt, Idamantes: Ernst Haefliger, Elektra: Elisabeth Grümmer, Ilia: Pilar Lorengar, Arbaces: Renato Capecchi, Oberpriester: Eberhard Waechter / Ludwig Welter, Stimme des Orakels: Georg Littasy, Kretenische Mädchen: Irmgard Stadler, Margret Nessel, Trojaner: Kurt Equiluz, Robert Kerns / Siegfried R. Frese

1963

Die Zauberflöte, Wolfgang Amadeus Mozart
Dirigent: Istvan Kertesz
Inszenierung: Otto Schenk
Bühnenbild: Jörg Zimmermann
Kostüme: Hill Reihs-Gromes
Sarastro: Walter Kreppel, Sprecher: Franz Grass / Josef Knapp, Priester: Martin Häusler, Josef Knapp, Geharnischte: James King, Georg Littasy, Knaben: Lucia Popp, Yvonne Helvey, Hildegard Rütgers, Tamino: Waldemar Kmentt, Königin der Nacht: Roberta Peters, Pamina: Pilar Lorengar (Irmgard Seefried am 9. 8. 63), Damen: Maria van Dongen, Cvetka Ahlin, Patricia Johnson, Papageno: Walter Berry, Papagena: Anneliese Rothenberger, Monostatos: Renato Ercolani

1964
Die Zauberflöte, Wolfgang Amadeus Mozart
Vgl. 1963
Pamina: Pilar Lorengar, Sprecher: Paul Schöffler,
Priester: Paul Späni, Josef Knapp, Knabe: Lucia
Popp / Maria A. Harvey,
Damen: Maria van Dongen, Cvetha Ahlin, Vera
Little, Papagena: Renate Holm

1971
Mitridate, Re di Ponto,
Wolfgang Amadeus Mozart
Dirigent: Leopold Hager
Inszenierung: Wolfgang Heyduck
Bühnenbild/Kostüme: Peter Heyduck
Mitridate: Peter Schreier, Aspasia: Edda Moser,
Sifare: Arleen Auger, Farnace: Helen Watts,
Ismene: Pilar Lorengar, Marzio: Peter Baillié,
Arbate: Reingard Didusch

THÉATRE DE BEAULIEU, Lausanne
8ᵉ Festival International
1963
Così fan tutte, Wolfgang Amadeus Mozart
Dirigent: Reinhard Peters
Inszenierung: Bronislaw Horowicz
Bühnenbild/Kostüme: Théophane Matsoukis
Chöre: André Charlet
Fiordiligi: Pilar Lorengar, Dorabella: Patricia
Johnson, Guglielmo: Sesto Bruscantini, Ferrando:
Michel Senéchal, Despina: Graziella Sciutti,
Alfonso: Elfego Esparza

TEATRO DE LA ZARZUELA, Madrid
Erstes Opern Festival
1964
Die Hochzeit des Figaro, Wolfgang Amadeus
Mozart
Dirigent: Oliviero de Fabritiis
Inszenierung: Luca de Tena
Chöre: Jesus Lopez Cobos
Choreographie: Pilar Lopez
Almaviva: Antonio Campó, Gräfin: Pilar
Lorengar, Susanna: Isabel Penagos, Cherubino:
Teresa Berganza, Figaro: Sesto Bruscantini,
Marcellina: Mila Cerdán, Bartolo: Fernando
Corena, Basilio: Ugo Benelli, Curzio: Diejo
Monja, Antonio: Luis Villarejo, Barbarina: Maria
Reyes de Gabriel

SAN ANTONIO FESTIVAL
1984
Carmen, Georges Bizet
Dirigent: Hans Hilsdorf
Inszenierung: Cornel Franz
Bühnenbild: Rudolf Kück/Horst Hannemann/
Hans-Walter Heinrich
Kostüme: Dietlinde Calsow / Hannelore Rotche
Chöre: Roberto Porco
Choreographie: José Linares
Zuniga: Miomir Nikolić, José: Corneliu Murgu,
Morales: Paul Wolfrum, Escamillo: Justino Diaz /
Philip Skinner, Dancairo: Wolf Appel,
Remendado: Peter Maus, Carmen: Victoria
Vergara, Frasquita: Barbara Vogel, Mercedes:
Barbara Scherler, Micaëla: Pilar Lorengar, Lillas
Pastia: Ray Liddle

Alle hier aufgeführten Produktionen stellen Neuinszenierungen dar. Lediglich bei den Häusern von New York und San Francisco sind wegen des andersgearteten Opernbetriebes auch Wiederaufnahmen angegeben. Auf diese Weise sind alle Aufführungsserien von San Francisco verzeichnet, in denen Pilar Lorengar aufgetreten ist; im Falle der Metropolitan Opera handelt es sich jedoch nur um eine – wenngleich große – Auswahl.
Konzertante Opernaufführungen sind ausnahmslos unberücksichtigt geblieben.
Trotz ausführlicher Recherchen konnte die angestrebte Vollständigkeit der Angaben leider nicht erreicht werden.

Auf der Bühne gesungene Partien:

Bizet
Carmen: Micaëla

Debussy
Pelléas und Mélisande: Mélisande

de Falla
Atlantida: Ysabella von Kastilien

Gluck
Orpheus und Eurydice: Eurydice

Gounod
Faust: Margarethe

Hindemith
Mathis der Maler: Regina

Janácek
Jenufa: Titelpartie

Mozart
Idomeneo: Ilia
Die Hochzeit des Figaro: Cherubino, Gräfin
Don Giovanni: Donna Elvira, Donna Anna
Così fan tutte: Fiordiligi
Die Zauberflöte: Pamina
Mitridate, Re di Ponto: Ismene

Offenbach
Hoffmanns Erzählungen: Antonia

Orff
Carmina Burana: Sopran-Partie

Spontini
Olimpia: Titelpartie

Puccini
Manon Lescaut: Titelpartie
Schwester Angelica: Titelpartie
Tosca: Titelpartie
Madame Butterfly: Titelpartie
La Bohème: Mimi
Turandot: Liu
Gianni Schicchi: Lauretta

Smetana
Die verkaufte Braut: Marie

Strauss
Ariadne auf Naxos: Echo

Tschaikowsky
Eugen Onegin: Tatjana
Picque Dame: Lisa

Verdi
La Traviata: Violetta
Don Carlos: Elisabeth
Otello: Desdemona
Falstaff: Alice Ford

Wagner
Lohengrin: Elsa
Die Meistersinger von Nürnberg: Eva

Weber
Der Freischütz: Agathe

Eine Auswahl aus dem Konzertrepertoire:

J. S. Bach
Kantaten, Messe BWV 232 h-moll Hohe Messe

Beethoven
Egmont, Missa Solemnis, 9. Symphonie

Brahms
Deutsches Requiem

Bruckner
Messe Nr. 3, Te Deum

M. A. Charpentier
Te Deum

Dvořák
Messe D-Dur, Requiem

Gounod
Cäcilien-Messe

Händel
Der Messias, Deutsche Arien

Haydn
Die Jahreszeiten, Nelson-Messe, Die Schöpfung

Honegger
König David

Mahler
Symphonie Nr. 4

Mendelssohn
Elias

Mozart
Konzertarien, Exulate jubilate, Krönungsmesse (KV 317 c-dur), Große Messe (KV 427 c-moll), Requiem (KV 626 d-moll)

Pergolesi
Stabat mater

Rossini
Stabat mater

A. Scarlatti
Stabat mater

Schubert
Messe Nr. 6

Verdi
Requiem

Lieder

von: Beethoven; Brahms; Debussy; Duparc; Dvořák; Fauré; Gounod; Grieg; Louis Ferdinand, Prinz von Preußen; Mozart; Ravel; Scarlatti; Schubert; Schumann; Sibelius, Strauss (u. a. Vier letzte Lieder); Villa-Lobos; Vivaldi; Wolf

Pilar Lorengar hat u. a. von folgenden spanischen Komponisten Werke in ihrem Repertoire:

Isaac Albéniz, Ruperto Chapi, Oscar Esplá, Manuel de Falla (u. a. La vida breve – Das kurze Leben, El sombrero de tres picos – Der Dreispitz, El retablo de Maese Pedro – Meister Pedros Puppenspiel), Enrique Granados, Geronimo Jiménez, Jésus Guridi, Pablo Luna, Don Luis Milán, Frederico Mompou, Xavier Montsalvatge, Fernando Obradors, Joaquín Rodrigo, Eduardo Toldra, Joaquin Turina, Enriquez de Valderrábano, Joaquin Valverde.

Pilar Lorengar hat u. a. mit folgenden Dirigenten und Orchestern gearbeitet:

Kurt Herbert Adler, Gerd Albrecht, Odon Alonso, Ataualfo Argenta, Enrique Garcia Asencio, Bruno Bartoletti, Serge Baudo, Sir Thomas Beecham, Leonard Bernstein, Karl Böhm, Richard Bonynge, Ernest Bour, Aldo Ceccato, Fausto Cleva, André Cluytens, Sir Colin Davis, Pierre Dervaux, Christoph von Dohnany, Kurt Eichhorn, Alberto Erede, Oliviero de Fabritiis, Karl Forster, Ferenc Fricsay, Rafael Frühbeck de Burgos, Lamberto Gardelli, Gianandrea Gavazzeni, Franco Ghione, Carlo Maria Giulini, Theodor Guschlbauer, Leopold Hager, Heinrich Hollreiser, Eugen Jochum, Rudolf Kempe, Bernhard Klee, Istvan Kertesz, André Kostelanetz, Josef Krips, Erich Leinsdorf, Ferdinand Leitner, Raymond Leppard, James Levine, Alain Lombard, Jesus Lopez Cobos, Leopold Ludwig, Peter Maag, Lorin Maazel, Charles Mackerras, Gianfranco Masini, Francesco Molinari-Pradelli, Karl Münchinger, Garcia Navarro, Giuseppe Patané, Bernhard Paumgartner, John Pritchard, Arego Quadri, Hans Rosbaud, Antonio Ros-Marbá, Paul Sacher, Wolfgang Sawallisch, Hermann Scherchen, Thomas Schippers, Hans Schmidt-Isserstedt, Sir Georg Solti, Horst Stein, George Szell, Silvio Varviso, Edo de Waart, Heinz Wallberg, Walter Weller

Bamberger Symphoniker
Sinfonie-Orchester des Bayerischen Rundfunks
BBC Symphony Orchestra
Berliner Philharmonisches Orchester
Radio-Sinfonie-Orchester Berlin
Staatskapelle Berlin
Boston Symphony Orchestra
Camerata Academica des Mozarteums Salzburg
Chicago Symphony Orchestra
Cleveland Orchestra
English Chamber Orchestra
Radio-Sinfonie-Orchester Frankfurt
Israel Philharmonic Orchestra
London Philharmonic Orchestra
London Symphony Orchestra
Los Angeles Philharmonic Orchestra
Monte Carlo Opera Orchestra
Münchner Philharmoniker
New Philharmonia Orchestra London
New York Philharmonic
NDR-Sinfonie-Orchester
Orchestre de la Suisse Romande
Orchestre de la Societé des Concerts du Conservatoire
Orchestre National de France
Orchestre National de la Radiodiffusion Francaise
Orquestra de Conciertos de Madrid
Orquestra Nacional de Espana
Orquestra Radio Television Española
Philadelphia Orchestra
Royal Philharmonic Orchestra
San Francisco Symphony Orchestra
Stuttgarter Kammerorchester
SWF-Sinfonie-Orchester
Wiener Philharmoniker
Wiener Symphoniker

Pilar Lorengar hat u. a. bei folgenden Festspielen mitgewirkt:

Berliner Festwochen, Kieler Woche, Savonlinna, Finnland-Festival (Helsinki), Aix-en-Provence, Strasbourg, Glyndebourne, Maggio Musicale Firenze, Holland Festival, Bregenz, Salzburger Festspiele, Mozartwoche Salzburg, Wiener Festwochen, Stockholm Drottningholm, Lausanne, Zürich, Avila, Barcelona, Escorial, Granada, San Sebastian, Santander, Santiago de Compostela, Sevilla, Toledo, Libanon-Festival, San Antonio, Ravinia Festival, Festival Casals de Puerto Rico, Cincinnati Festival

PILAR LORENGAR

Auf Schallplatten

1. Zarzuelas

La Parranda, Francisco Alonso
Pilar Lorengar, Manuel Ausensi, Julia Bermejo, Gerardo Monreal
Coro Cantores de Madrid, Orquesta Sinfónica, Dirigent: Maestro Tejada
(Alhambra)

La Calesera, Francisco Alonso,
Pilar Lorengar, Teresa Berganza, Manuel Ausensi
Coros Cantores de Madrid, Gran Orquesta Sinfónica, Dirigent: Maestro Cisneros
(Alhambra)

Los Diamantos de la Corona, Francisco Asenjo Barbieri
Pilar Lorengar, Maria Dolores Alite, Ginés Torrano, Manuel Ausensi, Gerardo Monreal, Rafael Campos
Coros Cantores de Madrid, Gran Orquesta Sinfónica, Dirigent: Ataúlfo Argenta
(Alhambra)

Jugar con Fuego, Francisco Asenjo Barbieri
Pilar Lorengar, Manuel Ausensi, Carlos Munguía, Antonio Campó, Julio Uribe, José Mario Maiza
Coro de Cámara del Orfeón Donostiarra, Orquestra Sinfónica, Dirigent: Ataúlfo Argenta
(Alhambra)

Chateaux Margaux, Manuel Fernandez Caballero
Pilar Lorengar, Gerardo Monreal
Orquesta Sinfónica, Dirigent: Benito Lauret
(Alhambra)

El Barquillero, Ruperto Chapi
Pilar Lorengar, Toñy Rosado, Carlos Munguía, Juan de Andia, Conchita Balparda, Manuel Ausensi
Coros Cantores de Madrid, Orquesta Sinfónica, Dirigent: Ataúlfo Argenta
(Alhambra)

El Puñao de Rosas, Ruperto Chapi
Pilar Lorengar, Ana Maria Iriarte, Teresa Berganza, Manuel Ausensi, A. Diaz Martos, Juan Encabo, Gregorio Gil, Agustin S. Luque
Coros Cantores de Madrid, Orquesta de Cámara de Madrid, Dirigent: Ataúlfo Argenta
(Alhambra)

El Rey que Rabio, Ruperto Chapi
Pilar Lorengar, Toñy Rosado, Manuel Ausensi, Carlos Munguía, Ana Maria Fernández, Agustin S. Luque, Rafael Maldonado, Manuel Tierra, Carlos S. Luque, Luis S. Luque
Coro Cantores de Madrid, Orquesta Sinfónica, Dirigent: Ataúlfo Argenta
(Alhambra)

La Tempestad, Ruperto Chapi
Pilar Lorengar, Toñy Rosado, Manuel Ausensi, Carlos Munguía
Coro Cantores de Madrid, Orquesta de Cámara de Madrid, Dirigent: Ataúlfo Argenta
(Alhambra)

La Alsacíana, Jacinto Guerero
Pilar Lorengar, Isabel Diaz, Manuel Ausensi, Carlos Munguía, Manuel Tierra, Rafael Campos, Gregorio Gil, Julita Bermejo
Coros Cantores de Madrid, Orquesta Sinfónica, Dirigent: Ataúlfo Argenta
(Alhambra)

El Canastillo de Fresas, Jacinto Guerero
Pilar Lorengar, Lily Berchmans, Rosario Leonis, Concha Bañuls, M. Escrich, Enrique de la Vara, Pepin León, Manuel Ausensi
Coro, orquesta sinfónica y rondalla, Dirigent: Agustin Moreno Pavón
(Alhambra)

El Caserio, Jesús Guridi
Pilar Lorengar, Manuel Ausensi, Carlos Munguía
Coro de Cámara del Orfeón Donostiarra y Orquesta Sinfónica, Dirigent: Ataúlfo Argenta
(Alhambra)

El Maestro Campanone, Vincente Lleó
Pilar Lorengar, Carlos Munguía, Manuel Ausensi, Juan de Andia, José Maria Maiza

Coros Cantores de Madrid, Orquesta Sinfónica,
Dirigent: Ataúlfo Argenta
(Alhambra)

Molinos de Viento, Pablo Luna
Pilar Lorengar, Manuel Ausensi, Carlos Munguía, A. Diaz Martos
Coros Cantores de Madrid, Orquesta Sinfónica,
Dirigent: Ataúlfo Argenta
(Alhambra)

La Pícara Molinera, Pablo Luna
Pilar Lorengar, Teresa Berganza, Manuel Ausensi, Ginés Torrano
Coros Cantores de Madrid, Gran Orquesta Sinfónica, Dirigent: Maestro Cisneros
(Alhambra)

Los Cadetes de la Reina, Pablo Luna
Pilar Lorengar, Ana Maria Fernández, Manuel Ausensi, Carlos Munguia, Gregorio Gil, Julita Bermejo
Coros Cantores de Madrid, Orquestra Sinfónica,
Dirigent: Ataúlfo Argenta
(Alhambra)

La Dogaresa, Rafael Millán
Pilar Lorengar, Teresa Berganza, Manuel Ausensi, Carlos Munguía, Antonio Campó, Julio Uribe
Coro de Cámara del Orfeón Donostiarra, Orquesta Sinfónica, Dirigent: Ataúlfo Argenta
(Alhambra)

La Reina Mora, José Serrano
Pilar Lorengar, Ana Maria Iriarte, Teresa Berganza, Manuel Ausensi, Marichu Urreta, Perecito, Ramón Alonso, Manuel Ortega
Orquesta de Cámara de Madrid, Dirigent: Ataúlfo Argenta
(Alhambra)

La Cancion del Olvido, José Serrano
Pilar Lorengar, Manuel Ausensi, Carlos Munguía
Coros Cantores de Madrid, Orquesta Sinfónica,
Dirigent: Ataúlfo Argenta
(Alhambra)

Adios a la Bohemia, Pablo Sorozábal
Pilar Lorengar, Renato Cesari, Manuel Gas, Jose Marin, Arturo Diaz Martos
Coro Cantores de Madrid, Leitung: José Perera
Orquesta de Conciertos de Madrid, Dirigent: Pablo Sorozabal
(Hispavox)

Katiuska, Pablo Sorozábal
Pilar Lorengar, Enriqueta Serrano, Selica Perez-Carpio, Ana Maria Fernandez, Alfredo Kraus, Renato Cesari, Manuel Gas, Francisco Marotto, José Marin
Coro Cantores de Madrid, Orquesta de Conciertos de Madrid, Dirigent: Pablo Sorozabal
(Hispavox)

La del Manojo de Rosas, Pablo Sorozábal
Pilar Lorengar, Enriqueta Serrano, Renato Cesari, Francisco Maroto, Enrique Fuentes, José Marin, Juan Bautista Osma
Coro Cantores de Madrid, Orquesta de Conciertos de Madrid, Dirigent: Pablo Sorozabal
(Hispavox)

La Chulapona, Moreno Torroba
Pilar Lorengar, Teresa Berganza, Carlos Fagoaga, Orfeón Donostiarra
Gran Orquesta Sinfónica, Dirigent: Rafael Frühbeck de Burgos
(Alhambra)

La Marchenera, Moreno Torroba
Pilar Lorengar, Conchita Balparda, Manuel Ausensi, Carlos Munguia
Coros Cantores de Madrid, Orquesta Sinfónica,
Dirigent: F. Moreno Torroba
(Alhambra)

Maria Manuela, Moreno Torroba
Pilar Lorengar, Lina Huarte, Manuel Ausensi, Carlos Munguia
Coros Cantores de Madrid, Orquesta Sinfónica,
Dirigent: F. Moreno Torroba
(Alhambra)

Las Golondrinas, José Maria Usandizaga
Pilar Lorengar, Ana Maria Iriarte, Carlos Munguia, Raimundo Torres
Coro de Cámara del Orfeón Donostiarra, Orquesta Sinfónica, Dirigent: Ataúlfo Argenta
(Alhambra)

El Husar de la Guardia, Giménez y Vives
Pilar Lorengar, Dolores Cava, Manuel Ausensi, Gerardo Monreal, Vicente Larrea, José Luis Cancela, Gregorio Gil, Pedro Lavirgen, Anita Fernández
Coros Cantores de Madrid, Orquesta Sinfónica,
Dirigent: Maestro Tejada
(Alhambra)

Maruxa, Amadeo Vives
Pilar Lorengar, Toñy Rosado, Manuel Ausensi, Enrique de la Vara, Luis Corbella
Coro Cantores de Madrid, Orquesta Sinfónica de Madrid, Dirigent: Ataúlfo Argenta
(Alhambra)

La Generala, Amadeo Vives
Pilar Lorengar, Conchita Balparda, Mari Carmen Ramirez, Ginés Torrano, Joaquin Portillo
Coros Cantores de Madrid, Orquesta Sinfónica, Dirigent: Odón Alonso
(Alhambra)

Romanzas y Duos de Zarzuelas
Pilar Lorengar, Ana Maria Triarte, Manuel Ausensi, Carlos Munguia, Teresa Berganza, Ana Maria Olaria, Maria de los Angeles Morales
Orquesta Sinfónica, Dirigent: Ataúlfo Argenta
(Alhambra)

El Caserio
Romanzas de zarzuelas y canciones
Pilar Lorengar, Juaquina Belaustegui, Carlos Munguia, Manuel Ausensi, Mari Carmen P. Parral, Julio Uribe, José Maria Maiza
Coro de Cámara del Orfeón Donostiarra
Orquesta Sinfónica, Dirigent: Ataúlfo Argenta
(Alhambra)

2. Zarzuelas – Sammelprogramme

Los Grandes Exitos de la Zarzuela Album 1
Pilar Lorengar, Teresa Tourné, Ana Higueras, Leda Barclay, Isabel Castelo, Alfredo Kraus, Pedro Lavirgen, Renato Cesari
Dirigenten: P. Sorozabal und F. Moreno Torroba
(Hispavox)

Los Grandes Exitos de la Zarzuela Album 2
Pilar Lorengar, Teresa Tourné, Ana Higueras, Leda Barclay, Celia Langa, Alfredo Kraus, Pedro Lavirgen, Renato Cesari
Dirigenten: P. Sorozabal und F. Moreno Torroba
(Hispavox)

Antologia de la Zarzuela Vol. 2
Pilar Lorengar, Leda Barclay, Alfredo Kraus, Pedro Lavirgen, Renato Cesari
Coros Cantores de Madrid, Orquesta de Conciertos de Madrid, Dirigenten: P. Sorozabal und F. Moreno Torroba
(Hispavox)

Duos de Zarzuelas de Pablo Sorozabal
Pilar Lorengar, Celia Langa, Leda Barclay, Alfredo Kraus, Renato Cesari, Francisco Maroto
Orquesta de Conciertos de Madrid, Dirigent: Pablo Sorozabal
(Hispavox)

Espana Romantica
Pilar Lorengar, Siegfried Behrend, Narciso Yepes, Teresa Berganza, Montserrat Caballe
(Artiphon)

Voces de Oro de la Zarzuela
Pilar Lorengar, Montserrat Caballé, Alfredo Kraus, Teresa Berganza, Jaime Aragall, Placido Domingo
(Alhambra)

3. Lieder

Pilar Lorengar und Siegfried Behrend
Spanische Lieder von Lorca und Romanzen von Modarra, Milan, Narvaez sowie die Spanische Kantate von Händel.
(Deutsche Grammophon)

Altspanische Lieder 1
Siegfried Behrend und Pilar Lorengar
(Columbia)

Altspanische Lieder 2
Siegfried Behrend und Pilar Lorengar
(Columbia)

Spanische Lieder von Lorca/Behrend 1
Siefried Behrend und Pilar Lorengar
(Columbia)

Spanische Lieder von Lorca/Behrend 2
Siegfried Behrend und Pilar Lorengar
(Columbia)

Lieder von Mozart
Siegfried Behrend und Pilar Lorengar
(Columbia)

Granados Songs Colleccion de Tonadillas y Canciones Amatorias
Pilar Lorengar, Alicia de Larrocha
(Decca)

4. Opern – Gesamtaufnahmen

Medea, Luigi Cherubini
Glauce: Pilar Lorengar, Gwyneth Jones, Bruno Prevedi, Justino Diaz, Fiorenza Cossotto u. a.
Chor und Orchester der Accademdia de S. Cecilia Rom, Dirigent: Lamberto Gardelli
(Decca)

Iphigenie auf Tauris, Christoph Willibald Gluck
Iphigenie: Pilar Lorengar, Walton Groenroos, Franco Bonisolli, Dietrich Fischer-Dieskau u. a.
Chor und Symphonieorchester des Bayerischen Rundfunks, Dirigent: Lamberto Gardelli
(Orfeo)

Orpheus und Eurydike, Christoph Willibald Gluck
Euridice: Pilar Lorengar, Marilyn Horne, Helen Donath
Chor und Orchester des Royal Opera House, Covent Garden, Dirigent: Georg Solti
(Decca)

Der Bajazzo, Ruggiero Leoncavallo
Nedda: Pilar Lorengar, James MacCracken, Tom Krause, Robert Merrill, Ugo Benelli, Silvio Maionica, Franco Ricciardi
Chor und Orchester der Accademia Nazionale di Santa Cecilia Roma, Dirigent: Lamberto Gardelli
(Decca)

Così fan tutte, Wolfgang Amadeus Mozart
Fiordiligi: Pilar Lorengar, Teresa Berganza, Ryland Davies, Tom Krause, Jane Berbié, Gabriel Bacquier
Chor des Königlichen Opernhauses Covent Garden, London, London Philharmonic Orchestra, Dirigent: Georg Solti
(Decca)

Don Giovanni, Wolfgang Amadeus Mozart
Elvira: Pilar Lorengar, Gabriel Bacquier, Joan Sutherland, Werner Krenn, Donald Gramm, Marilyn Horne, Leonardo Monreale, Clifford Grand
The Ambrosian Singer, Leitung: John McCarthy
The English Chamber Orchestra, Dirigent: Richard Bonyngne
(Decca)

Idomeneo, Wolfgang Amadeus Mozart
Ilia: Pilar Lorengar, Waldemar Kmentt, Ernst Haefliger, Elisabeth Grümmer, Renato Capecchi, Eberhard Wächter, Georg Littasy, Irmgard Stadler, Margret Nessel, Kurt Equiluz, Robert Kerns
Chor der Wiener Staatsoper, Wiener Philharmoniker, Ferenc Fricsay
(Melodram)
(Mitschnitt der Aufführung der Salzburger Festspiele vom 26. 7. 1961)

Die Hochzeit des Figaro,
Wolfgang Amadeus Mozart
Cherubino: Pilar Lorengar, Teresa Stich Randall, Rita Streich, Rolando Pánerai, Heinz Rehfuß, Christiane Gayraud, Marcello Cortis, Andre Vessieres, Madeleine Ignal, Hugues Cuenod, Gerard Friedmann
Chor des Festival Aix-en-Provence, Orchestre de la Société des Concerts du Conservatoire, Dirigent: Hans Rosbaud
(EMI)

Die Zauberflöte, Wolfgang Amadeus Mozart
Pamina: Pilar Lorengar, Martti Talvela, Stuart Burrows, Dietrich Fischer-Dieskau, Kurt Equiluz, Herbert Lackner, Wolfgang Zimmer, Cristina Deutekom, Hanneke van Bork, Yvonne Minton, Hetty Plümacher, Hermann Prey, Renate Holm, Gerhard Stolze, Wiener Sängerknaben, René Kollo, Hans Sotin
Chor der Wiener Staatsoper, Wiener Philharmoniker, Dirigent: Georg Solti
(Decca)

La Bohème, Giacomo Puccini
Mimi: Pilar Lorengar, Sándor Kónya, Horst Günter, Dietrich Fischer-Dieskau, Klaus Bertram, Fritz Ollendorff, Rita Streich, Franz Strauch, Fritz Hoppe, Willi Budde, Werner Roese
Kinderchor der Komischen Oper Berlin, Chor der Staatsoper Berlin, Staatskapelle Berlin, Dirigent: Alberto Erede
(Deutsche Grammophon)

Die verkaufte Braut, Friedrich Smetana
Marie: Pilar Lorengar, Marcel Cordes, Nada Puttar, Ivan Sardi, Sieglinde Wagner, Karl-Ernst Mercker, Fritz Wunderlich, Gottlob Frick, Ernst Krukowski, Gertrud Freedmann, Walter Stoll
Rias-Kammerchor, Bamberger Symphoniker, Dirigent: Rudolf Kempe
(EMI)

La Traviata, Giuseppe Verdi
Violetta: Pilar Lorengar, Giacomo Aragall, Dietrich Fischer-Dieskau, Stefania Malagù, Pier Francesco Poli, Virgilio Carbonari, Silvio Maionica, Giovanni Foiani, Mirella Fiorentini, Alfonso Losa
Chor und Orchester der Deutschen Oper Berlin, Dirigent: Lorin Maazel
(Decca)

5. Opern-Querschnitte

Orpheus und Eurydike, Christoph Willibald Gluck
Eurydike: Pilar Lorengar, Hermann Prey, Erika Köth
Rias-Kammerchor, Berliner Symphoniker, Dirigent: Horst Stein
(EMI)

Hoffmanns Erzählungen, Jacques Offenbach
Antonia: Pilar Lorengar, Rudolf Schock, Ruth-Margret Pütz, Hildegard Hillebrecht, Marcel Cordes u. a.
Chor der Deutschen Oper Berlin, Berliner Symphoniker, Dirigent: Berislav Klobucar
(EMI)

Madame Butterfly, Giacomo Puccini
Cio-Cio-San: Pilar Lorengar, Sieglinde Wagner, Fritz Wunderlich, Hermann Prey, Georg Baumgartner
Frauenchor der Komischen Oper Berlin, Berliner Symphoniker, Dirigent: Berislav Klobucar
(EMI)

Mignon, Ambroise Thomas
Mignon: Pilar Lorengar, Ruth-Margret Pütz, Fritz Wunderlich, Gottlob Frick
Chor der Komischen Oper Berlin, Berliner Symphoniker, Dirigent: Berislav Klobucar
(EMI)

6. Orchestermusik und Geistliche Musik

Ludwig van Beethoven, Symphonie Nr. 9
Pilar Lorengar, Yvonne Minton, Stuart Burrows, Martti Talvela
Chicago Symphony Orchestra und Chor, Dirigent: Georg Solti
(Decca)

Ludwig van Beethoven, Egmont
Pilar Lorengar, Wiener Philharmoniker, Dirigent: George Szell
(Decca)

Anton Bruckner, Messe Nr. 3 f-moll
Pilar Lorengar, Christa Ludwig, Josef Traxel, Walter Berry
Chor der St. Hedwigs-Kathedrale Berlin, Berliner Symphoniker, Dirigent: Karl Forster
(EMI)

Charles Gounod, Cäcilien-Messe, Messe Solennelle de Sainte Cécilie
Pilar Lorengar, Heinz Hoppe, Franz Crass
Chœurs René Duclos, Orchestre de la Société des Concerts du Conservatoire, Dirigent: Jean-Claude Hartemann
(EMI)

Wolfgang Amadeus Mozart, Krönungsmesse (Messe C-dur KV 317)
Pilar Lorengar, Marga Höffgen, Josef Traxel, Karl Christian Kohn
Chor der St. Hedwigs-Kathedrale Berlin, Berliner Symphoniker, Dirigent: Karl Forster
(EMI)

Gioacchino Rossini, Stabat Mater
Pilar Lorengar, Betty Allen, Josef Traxel, Josef Greindl
Chor der St. Hedwigs-Kathedrale Berlin, Berliner Symphoniker, Dirigent: Karl Forster
(EMI)

Gioacchino Rossini, Stabat Mater
Pilar Lorengar, Yvonne Minton, Luciano Pavarotti, Hans Sotin
London Symphony Orchestra, Dirigent: István Kertész
(Decca)

Franz Schubert, Messe Es-dur
Pilar Lorengar, Betty Allen, Fritz Wunderlich, Manfred Schmidt, Josef Greindl
Chor der St. Hedwigs-Kathedrale Berlin, Berliner Philharmoniker, Dirigent: Erich Leinsdorf
(EMI)

Joaquin Turina, Canto a Sevilla
Pilar Lorengar
Orchestre de la Suisse Romande, Dirigent: Jesus Lopez-Cobos
(Decca)

7. Recitals und Sammelprogramme

Pilar Lorengar in Opernarien und -szenen
Gluck, Mozart, Weber, Offenbach, Thomas,
Smetana, Puccini
mit Hermann Prey, Rudolf Schock, Gottlob Frick,
Fritz Wunderlich
Berliner Symphoniker, Dirigenten: Berislav
Klobucar, Horst Stein, Bamberger Symphoniker,
Dirigent: Rudolf Kempe
(Electrola)

Pilar Lorengar – Operatic Recital
Puccini, Dvořák, Charpentier, Bizet, Massenet
Orchestra of the Accademia di Santa Cecilia, Rom,
Dirigent: Giuseppe Patané
(Decca)

Pilar Lorengar – Prima Donna in Vienna
Mozart, Beethoven, Weber, Wagner, Korngold,
R. Strauss, J. Strauß, Zeller, Lehár, Kálmán
Vienna State Opera Orchestra,
Dirigent: Walter Weller
(London)

Portrait of Pilar
Mozart, Puccini, Verdi, de Falla, Wagner,
Granados
mit Neil Jenkins, Ambrosian Singers
The London Philharmonic Orchestra,
Dirigent: Jesus Lopez Cobos
(Decca)

Barocke Primadonnen Arien
Victoria de los Angeles, Lucia Popp, Teresa
Zylis-Gara, Christa Ludwig, Elsie Morison, Edith
Mathis, Rita Gorr, Pilar Lorengar: Carl Heinrich
Graun „Ach ein zu edler Mut irrt oft in seiner
Güte" (Arie des Pilpatoè aus „Montezuma")
Berliner Philharmoniker – (auch auf: Musik in
alten Städten und Residenzen: Potsdam)
(EMI)

Musik in alten Städten und Residenzen: Düsseldorf
– Am Hofe Jan Wellems
Sieglinde Wagner, Paul Rainer Zepperitz, Heinz
Friedrich Hartig, Eugen M. Dombois, Pilar
Lorengar: Agostino Steffani „Placidissime catene
rallentarvi àcrudeltá"
(EMI)

Bildquellen

Ilse Buhs/Jürgen Remmler 63, 74, 75 o., 76, 79 o. und l. u., 92, 97, 98 u., 107, 110 l. und r. o., 111 o., 112 o., 114 u., 115, 117 u., 122 r. o. und u., 123 o.

Harry Croner 77 l. u., 87 u., 88, 93, 94, 96 u., 121

Decca International, London 127

Deutsche Oper Berlin, Archiv 79 r. u., 116 o.

dpa, Frankfurt 129 u.

E. L. Gausmann 102–103

Harri Irmler 87 o., 99, 100 r. u., 105 r. u., 106 u., 113 u.

kranichphoto 83, 95 l. und r. o., 106 o., 108, 110 u., 116 u., 118 r. o., 119 l. und r. u., 122 l. o., 126 u. Umschlag vorne innen und außen, hinten innen

Landesbildstelle Berlin 85, 95 u., 105 l. o. und l. u., 111 u., 123 u.

Max Reinhardt-Forschungs- und Gedenkstätte, Salzburg (Foto Ellinger) 80 o. und l. u., 81 u., 82 o., 84 l. und r. u.; (Foto Madner) 82 l. und r. u.

San Francisco Opera 75 u., 113 o. l. und r.

Photo Schaffler, Salzburg 126 o.

Teldec, Hamburg 89 u., 90–91

Ullstein Bilderdienst 77 o. (Croner), 78 (Buhs), 81 o. (Köster), 96 o. (Binder), 101 l. o. (Köster), 118 u. (Croner), 119 o. (Buhs), 120 (Binder)

sowie Fotos aus Privatbesitz

Stapp Verlag, Berlin 1985
© Werner Elsner, Max W. Busch 1985
Gestaltung Dierk Ullrich, Berlin
Printed in Germany
ISBN 3-87776-706-0